供电服务沟通

○ 国网福建省电力有限公司营销服务中心 组编

16 式

中国电力出版社
CHINA ELECTRIC POWER PRESS

图书在版编目（CIP）数据

供电服务沟通 16 式 / 国网福建省电力有限公司营销服务中心组编 . —北京：中国电力出版社，2024.1（2025.12重印）

ISBN 978-7-5198-8281-5

Ⅰ.①供…　Ⅱ.①国…　Ⅲ.①供电—工业企业—商业服务—中国　Ⅳ.① F426.61

中国国家版本馆 CIP 数据核字（2023）第 209988 号

出版发行：中国电力出版社
地　　址：北京市东城区北京站西街 19 号（邮政编码 100005）
网　　址：http://www.cepp.sgcc.com.cn
责任编辑：周秋慧（010-63412627）
责任校对：黄　蓓　朱丽芳
装帧设计：张俊霞
责任印制：石　雷

印　　刷：北京天宇星印刷厂
版　　次：2024 年 1 月第一版
印　　次：2025 年 12 月北京第二次印刷
开　　本：710 毫米 ×1000 毫米　16 开本
印　　张：10
字　　数：142 千字
定　　价：68.00 元

编委会

编写组

沟通，是人与人、群体之间传递信息、交流思想、建立情感的过程和方式，时时刻刻存在于我们的生活和工作中。沟通就是生产力，尤其对于客户服务工作来说，沟通是客户服务的灵魂，是决定客户体验的关键。

有人认为，沟通就像呼吸一样，是天生的能力。殊不知，沟通其实是一门技术。沟通主体的用词语气、表情动作、节奏语速等各类因素的不同，导致千差万别的结果。俗话说，"好言一句三冬暖，话不投机六月寒"。在客户服务工作中，积极的沟通和情感把握，可以快速精准把握客户需求，提升服务效率，为客户创造良好的体验和更高的价值。反之，则可能引发误解、矛盾乃至关系恶化、带来阻碍。

随着信息大爆炸时代的到来，人们对于借助高效沟通获取更加丰富信息的渴望较以往愈发强烈，数字技术对生活的渗透融入，为沟通带来便捷性的同时，也使得沟通的媒介不再局限于传统的面对面、电话等，而是拓展至社交媒体、在线通信等，给人们的沟通带来了新的体验和挑战。因此，沟通技术是客户服务从业人员的必修课，持续迭代沟通技术是提升客户服务能力的关键。

供电服务关系国计民生，让党和政府满意、让客户满意是电网企业践行以人民为中心的发展思想、为人民群众美好生活助力加油的责任担当。供电服务人员作为供电企业与客户之间的桥梁，能否通过积极的沟通，快速了解千人千面的客户需求，并将复杂专业的电力解决方案向客户输出得明明白白，直接关系着客户用电整体体验和对供电企业形象的评价。通过对多年来供电服务投诉案例的分析，我们发现超过50%的投诉是因为供电服务人员与客户的沟通问题所引发。一些供电服务人员甚至害怕与客户接触，在与客户沟通过程中担心多说多错，迫不及待地想把"烫手山芋"传递到下一个环节，造成不良的客户体验。

为此，我们选取了近年来供电服务工作中不同场景的典型案例，从中梳理出常见的沟通问题，编写《供电服务沟通16式》，通过场景式的还原展现、启发式的提问归因、要点式的技巧总结来进行内容的呈现。我们相信，这不仅能提升读者的阅读体验，还能激发读者的思考和行动，更有效地把书中的理论内化成自身的技能。最后，我们衷心希望本书能够帮助读者进一步理清和掌握客户服务沟通的概念、流程、核心认知、服务沟通技巧等，并切实帮助读者解决工作中的服务沟通难题。

鉴于编者水平有限，难免存在不妥之处，敬请读者批评指正。

编者

2023年10月

目 录

前 言

—————— 第一篇 技巧理论篇 ——————

第1章 认识客户服务沟通

第2章 通用服务沟通技巧

第3章　异议服务沟通技巧

第二篇　应用案例篇

第4章　实战典型案例

―――――― 第三篇　实用工具篇 ――――――

第5章　沟通测评表

供电服务沟通
16式

第一篇
技巧理论篇

第1章
" 认识客户服务沟通 "

1.1 客户服务沟通的概念

每一位服务人员，要做好客户服务沟通工作，都必须先了解沟通是什么以及它的重要性。

1.1.1 客户服务沟通的定义

所谓客户服务沟通，就是客户服务代表（服务方授权的个体）与客户作为沟通主体，建立在服务方（企业、事业单位或组织等）与客户之间，以服务合规及客户满意为目的进行的沟通。

供电服务沟通，是指电网企业服务人员运用沟通技巧辅助实际的业务操作，打造专业的服务形象，帮助客户解决用电问题，提升客户满意度。

1.1.2 客户服务沟通的分类

从沟通形式的维度可以分为以下两类：

（1）语言沟通，即通过人类自然语言而进行的沟通，如向客户讲解用电注意事项。

（2）非语言沟通，即通过面部表情以及肢体语言向客户传递信息，如注意接待客户时面向客户的站姿并面带微笑。

从沟通渠道的维度可以分为以下三类：

（1）电话沟通，如接听客户咨询电话、给客户拨打交费提醒电话等。

（2）面对面沟通，如在营业厅受理客户的用电申请、现场抢修与客户当面交流等。

（3）微信及短信沟通，如向客户发送交费提醒短信、通过微信发送停电通知等。

另外，从服务组织系统的维度可以分为内部沟通和外部沟通；从沟通对象的维度可分为下行沟通、上行沟通和平行沟通；从沟通方向的维度还可以分为推式沟通、拉式沟通和交互式沟通。鉴于本书主要介绍供电服务人员与客户之间的服务沟通，因此，主要从形式及渠道两个维度对沟通进行类别划分。

1.1.3　客户服务沟通的特点

（1）场景性：基于客户所遇到问题的场景以及客户自身的特点。从严格意义上来讲，每一次服务沟通都会具有其自有的独特属性，因此也可以理解为是个性化的一种体现。

（2）目的性：以解决客户的业务问题及心理诉求为目的。优质的服务不仅可以通过沟通向客户传递业务知识、流程、规范等信息，还可以利用沟通与客户建立良好的关系。

（3）互动性：服务沟通主要采用交互式沟通，需要关注信息在沟通过程中的交互式传递。

（4）情感性：有积极情感的沟通可以作为整个客户服务过程的优质催化剂，帮助我们获得客户情感上的理解与认可。

（5）信赖性：信赖性与情感性之间是相互作用的关系。信赖是产生积极情感的基础，反之则可能产生消极情感。同时，服务沟通中情感投入的客户感知程度也会影响是否可以获得客户的信赖。

1.2 客户服务沟通的流程

无论采用何种形式或渠道与客户进行沟通，均需要经过以下四个沟通步骤达到最终的客户服务目的。

1. Speeding——快速响应并建立关系

（1）保障服务渠道的畅通，能够让客户第一时间联系到我们。

（2）第一时间响应客户的服务请求，并表达愿意提供服务的意愿。

（3）通过自我介绍及确认客户身份，服务人员与客户之间相互认识并建立信任关系。

2. Sympathy——运用同理心建立关系并确认客户诉求

（1）当客户主动来访时，通过倾听理解客户的显性需求（业务诉求）及隐性需求（心理诉求）。

（2）在主动联系客户时，通过友好而积极的语言向客户传达沟通目的，以便为客户服务沟通设定核心主题范围。

（3）用心体会客户的感受，运用专业的沟通技巧实现情感共鸣。

3. Solving——解决客户问题并主动提示细节

（1）结合业务操作规程及客户的实际情况，向客户提出对客户及公司双方都有利的最优解决方案。

（2）同时，运用沟通技巧主动向客户提示或强调相关的注意细节，满足客户的心理需要。

4. Satisfaction——确认方案可行及客户满意

与客户确认所提供的解决方案可以切实解决客户所遇到的问题，对未尽事宜进行补充解释，确保客户满意。

1.3 客户服务沟通的核心认知

（1）满足客户需求，不仅是功能需求、更是情感需求。把客户当作朋友，尊重客户，给予客户可靠的关怀和贴心的帮助。尤其是客户产生负面情绪时，尝试设身处地表达同理心，消除因情绪带来的非理性判断和决策。

（2）把握客户服务沟通中的关键时刻（MOT）❶。制造峰值体验，就是提供"超出客户预期"的体验。

减少糟糕体验，其中糟糕体验是指当客户给予我们"负反馈"的时刻，我们很容易会不自觉地"反击"，而这种反击，常常会带给客户糟糕的体验。

留下美好句号，一个触点最后发生的体验，也就是终值的高低，在很大程度上影响着客户体验和服务推进。

（3）明确自身作为公司形象代言人的角色认知。服务人员在服务过程中代表的不是其个人，而是供电企业；客户提出的所有问题也都不是针对服务人员个人。塑造专业的服务形象，提升客户满意，赢得客户信任，从而提升公司品牌美誉度。

---

❶　诺贝尔经济学奖得主丹尼尔·卡尼曼提出客户体验的峰终定律（Peak-End Rule）：人类对体验的记忆由两个因素决定，一是高峰时的感觉（无论是正向的还是负向的），二是结束时的感觉。

第2章
"通用服务沟通技巧"

2.1 第一式：开场——给客户留下好的第一印象

好的开端是成功的一半。完美的服务开场可以在塑造专业形象的同时，营造良好的沟通氛围，为高质量有效沟通奠定基础。然而我们的一线工作人员经常会忽视这一点，开场时的失误，可能会给客户带来一种非常不好的刻板印象，甚至导致整个服务沟通的失败。

案例片段1

客户秦先生想申请自家安装充电桩，于是来到供电所营业厅申请办理业务。

工作人员此时还在处理手中的事情，见到有客户过来头也不抬地说："您办理什么业务？"

秦先生见状便说道："我过来是要申请安装一个充电桩……"

工作人员抬头看了一下秦先生，说："稍等一下！"

秦先生见工作人员还在忙，就站在柜台前等待着工作人员。大约过了几秒钟，工作人员忙完手中的工作后，看向秦先生又问道：

"您要办理什么业务？"

此时，秦先生没有好气地提高声调说："我刚才说了，我要申请安装充电桩！"

……

案例片段2

客户朱女士正在家里看电视的时候，手机铃声突然响了，来电是一个座机号码……

朱女士："喂！"

工作人员："喂！您家的电费要交了，您有时间的话赶紧去交一下吧，要不然会停电！"

朱女士还没有弄清楚什么状况，于是问道："你是谁？"

工作人员："我是电力公司的，给您打电话是您家里的电表有欠费，要赶紧交清电费，要不然会停电……"

没等工作人员把话说完，朱女士生气地抢话问道："为什么你要给我停电呀？"

……

案例片段分析

在上面两个案例片段中，工作人员给客户留下的第一印象都不是很好，在正式进入服务流程的一开始就让客户产生了消极的心理距离感。

在案例片段1中，工作人员没有做好为客户提供服务的准备，并给客户一种不礼貌的印象。主要因为：① 没有礼貌性地问好；② 没有让客户感觉到被重视；③ 没有注意客户所提供的信息。

在案例片段2中，工作人员拨打外呼电话，让客户产生怀疑并引起客户生气。主要因为：① 没有清楚地自报家门，让客户了解自己的身份；② 没有确认客户的身份以及时间是否方便；③ 没有逐步引导客户进入到服务流程，而直接告诉客户"要不然会停电……"，也会让客户一头雾水。

开场是所有客户服务沟通的开始，其主要的作用是让工作人员与客户之间彼此认识，展示专业形象，并初步建立信任关系。开场技巧包含打招呼、自我介绍、确认客户称呼、确认客户时间。

2.1.1 打招呼／问好

◎ 作用

（1）引起客户的注意，并标志着服务的开始。

（2）体现礼貌以及对客户的尊重。

（3）针对性地问好，会让客户产生专属服务的感觉。

（4）问好也是一种试探，通过客户的反应判断客户的情绪。

（5）配合积极的声音及肢体表达，展现乐观的情绪并影响客户。

💡 技巧应用

不同情形下可以使用的问候语见表2-1。

表2-1　不同情形下可以使用的问候语

情形	建议问候语
通用情况	"您好！"
针对不同时间点	"上午好！""中午好！""下午好！"等
针对特殊日期/时段	"新年好！""节日好！""假期好！"等

续表

情形	建议问候语
已经确认客户姓氏	"陈先生好！""王女士，下午好！"等
面对儿童	"你好！"（针对较大年龄的孩子）或"小朋友好！"（针对较小年龄的孩子）
面对老人	"伯伯好！""阿姨好！"等。 注意：不推荐使用"老人家好！""大爷好！"
面对女士	"女士，您好！"等。 注意：不推荐使用"美女""小姐"等

应规避的沟通风险点

（1）不向客户问好。

（2）使用不合适的问候语。

2.1.2 自我介绍

自我介绍是指向客户表明身份（出示工作牌），并说明来意。

作用

（1）主动让客户认识我们，沟通会更加顺畅。

（2）展现积极且开放的服务态度，增加客户的信任感。

技巧应用

自我介绍的内容需要工作人员自信且清晰地传达给客户，完整的自我介绍包括：①身份信息；②个人信息；③愿意提供服务的意愿。

场景举例

"我是××供电所的工作人员，我叫×××，请问有什么可以帮您？"

身份信息："我是××供电所的工作人员。"

个人信息："我叫×××。"

愿意提供服务的意愿："请问有什么可以帮您？"

注意事项

一般情况下，自我介绍都在正式为客户解决问题之前完成，但如果客户的问题比较紧急或者客户抢先描述自己的问题，可以等客户描述完问题后补充自我介绍。

场景举例

客户王女士家突然停电，打电话给供电所。

宋光明接起电话说："您好，我是……"

"我家里突然停电了，还有余额，我看邻居家都有电，你们赶紧派人过来看一下吧！"没等宋光明把话说完，王女士就着急地描述自己遇到的问题。

宋光明立刻理解了王女士的需求，连忙回复："好的，女士！我是××供电所的宋光明。……"

应规避的沟通风险点

在服务沟通中未主动进行自我介绍。

2.1.3 确认客户称呼

确认客户身份是指针对不知道姓氏的客户，需要获取客户的姓氏，便于之后使用对客户的尊称。所谓的客户尊称就是带姓氏的称呼，如"张先生""王女士"等。

◎ 作用

（1）拉近与客户对话中的心理距离，产生专属服务的感觉。

（2）让客户产生实名制的感觉，暗示对方需要理性控制情绪。

♀ 技巧应用

在服务沟通中，应尽早确认客户的姓氏，并在之后的沟通中，尽量高频次使用对客户的尊称。

一般在客户描述完其遇到的问题之后，是确认客户称呼的最好时机。在确认客户称呼时，需要礼貌性地询问，例如："先生，请问您贵姓？""请问怎么称呼您？"

注意事项

针对客户称呼，有时客户会主动告诉我们，此时需要准确识别并选择有利于服务进展的客户称呼。针对有特殊地位、职称、官阶等的客户，应使用更具有身份意义的称呼，如赵书记、李博士等。

场景举例

供电所的宋光明接到了一位客户的来电，电话那边是一个中年男子的声音。

"我是我们村的书记，我姓李！我给你们打电话是想问问关于我们村安装新变压器的事情进展怎么样了。"电话那端的客户说道。

宋光明听后说道："李书记，您好！请您稍等，我现在确认一下信息……"

应规避的沟通风险点

不确认或不在沟通过程中使用对客户的尊称。

2.1.4 确认客户时间

确认客户时间是指询问客户时间是否方便，以顺利完成服务。此技巧常在主动联系客户时使用，尤其是通过外呼电话联系客户且预计沟通时间较长时，更应当使用此技巧。

◎ 作用

（1）表示对客户时间的尊重。

（2）确认接下来客户是否会集中注意力并完成服务沟通。

💡 技巧应用

确认客户时间的询问方式包括：

（1）常见确认方式。例如："请问您现在时间方便吗？"

（2）带有目的及预期时间的确认方式。例如："我给您打电话是想针对您上次用电服务进行一下电话回访，大概需要2分钟。请问您时间方便吗？"

📠 注意事项

（1）当客户表示当前时间不方便时，应当及时终止当前服务沟通，并立即与客户预约下一次沟通的时间。

（2）在预约时，推荐使用带有一定限制的开放式问题与客户确认时间，以便更能保证下一次沟通时客户的时间方便。例如："请问我明天几点打电话给您比较方便呢？"

（3）当预感客户将立即挂断电话时，为了节省时间，可以使用封闭式问题与客户确认。例如："我明天中午再打电话给您，您看可以吗？"

👥 应规避的沟通风险点

（1）未确认客户时间，不仅沟通无法顺利进行，而且让客户产生"不被尊重"的感觉。

（2）当客户时间不便时，未及时预约下一次时间，导致多次联系但无法达到服务沟通目的。

2.2　第二式：倾听——展现尊重，理清信息，营造良好沟通氛围

倾听是服务沟通过程中至关重要的环节，可以直接影响服务沟通的结果。卡耐基在《人性的弱点》中提到，"人们总是喋喋不休，期望借此改变对方的观点，但请给对方一点说话的时间，听听他们的所思所想。"很多时候，倾听比表达更重要。另外，在努力通过倾听来了解客户意图的同时，还要特别注意倾听过程中的细节，否则很容易让客户产生误会或者导致客户情绪升级。

案例片段

客户金先生致电95598反映停电未提前通知，现场处理实际情况为客户楼上邻居家的内部故障检修需将上级电源停电处理，工作人员在未进行逐户告知的情况下，停电更换新的开关后于10分钟后送电，导致金先生家中短时停电，工作人员致电客户进行沟通……

工作人员："我跟您解释一下，因为那天晚上确实是临时停电处理故障，无法提前预估，故未通知。"

金先生："不是啊，是五楼停电啊，我是四楼的，我想你们应该……"

工作人员抢话道："哦，我明白，我明白，我们就是……"

金先生情绪开始激动："你那个再怎么样也就是更换开关嘛，我家里老人有心脏病在洗澡知道吗？天气这么冷，万一出了什么事，不比那个电的设备重要吗？你也有父母、爷爷奶奶，你讲是不是这样？"

工作人员依旧说道："但是他这个是突发故障，因为我们情况也确实比较紧急啊！"

金先生非常生气地说道："不是突发故障啊！你502停电，我又没有停，你停我电不用告诉我吗？更何况……"

工作人员又抢话"是这样子！因为如果我们当时没有抢修的话，我们这个停电范围会扩大的，所以……"

"谁说你不能抢修了啊！"（工作人员试图插话……）"你能不能听我说？"客户情绪开始失控。

案例片段分析

这个案例片段是一个典型的异议客户沟通场景，在沟通后客户负面情绪反而升级，主要原因是：工作人员急于解释，为未能满足客户需求找正当理由，自顾自地说自己想要说的话，并未关注客户的情绪和意思表达，导致客户产生了不被尊重、对牛弹琴的感觉。

倾听是在服务沟通过程中既能真实表示对客户的尊重，也能向客户传递信息的一种技巧。倾听包括：回应、意图判断及排序、客户打断。

2.2.1 回应

倾听技巧中的回应是指在听客户讲话时，通过声音、面部表情及肢体语言对客户讲话所作出的反应。在实际沟通过程中，往往容易被忽视。

1. 通用回应

作用

（1）让客户感觉到我们在听客户讲话，使客户体会到被尊重，尤其在非面对面沟通中，及时回应以避免误会。

（2）可以通过一些带有暗示的回应向客户传递一些信息。

💡 技巧应用

在客户讲话（如描述问题情况、发泄自己的情绪）时，我们需要通过简短的语言给予回应。如"嗯、好的""对、我明白了""没问题"等。另外，在使用回应性语言时，需要注意以下关键要点：

（1）建议客户表述2~3句话或者简短表达完一个完整的事件或观点后使用，不建议客户的每一句话都给予回应，否则容易让客户产生不耐烦的感觉。

（2）需要变换使用表示回应的语言，单个代表回应的语言不应连续使用超过三次，否则容易让客户认为我们在敷衍地听取意见。

（3）在面对面服务时，需要面向客户并注视客户的面部，并配合点头等相应的肢体语言。因客户对服务产生误解或不能满足客户期望时，通过真诚微笑引导客户的情绪向积极的方向发展，不受其情绪或者语言的影响，从而取得客户谅解、化解冲突。

（4）听到客户描述某种带有情绪的事情后，可以使用匹配客户事件情绪的语言给予回应，以展现同理心。

场景举例

客户在描述最近一个月的电费异常时……

客户："我家的电费一直提前充值，也都没有停过电。但是这个月的13号就突然停电了。"（客户仍在继续讲）

工作人员："嗯。"（在客户讲话过程中使用倾听回应技巧）

客户继续说道："我就查了一下电费记录，结果发现上个月的用电量是平时的2倍还多！"

工作人员："是有一点多。我们这就给您核实一下。"（同理心的回应，此时如果仍然使用"嗯"，有可能会让客户感觉工作人员较为冷淡。）

注意事项

倾听中的回应是一个很容易形成习惯的技巧，在习惯形成之后会很自然地在客户讲话时给予倾听回应。但是，如果遇到投诉的客户，应当注意避免使用表示判断或观点的回应语言，如"是的""确实"等。因为如果回应不当，可能会让客户抓住问题不放。

场景举例

客户最近家中的电压总是不稳定，自己总是找不到问题在哪里，于是气冲冲地到供电所营业厅反映。

客户："我家里最近用电不正常，很多电器都没有办法同时使用。唉！你们的服务质量太差了！"

工作人员："很抱歉给您造成不便，我们这就安排人员到现场给您核实。"（此时如果使用"确实最近的故障比较多"，有可能会让客户抓住公司问题，进一升步级情绪。）

应规避的沟通风险点

（1）长时间不回应。

（2）连续使用单个代表回应的语言太多次。

（3）面对面服务时没有面向客户给予倾听呼应。

（4）使用不合时宜的回应语言。

2. 异议客户回应

◎ **作用**

当客户提出异议或情绪激动时，需要非常耐心地控制我们的讲话欲望，尽量让客户把话说完，并允许客户发泄心中的不满情绪，帮助客户厘清思路。这样可以让客户感觉到：

（1）最大的限度的被尊重，以获得客户的尊重。

（2）我们理解客户的心情及感受，并愿意向我们提供更多的帮助。

（3）我们工作认真以及行事稳重，相信我们可以解决问题。

💡 **技巧应用**

第一步：让客户说完所有的话，不打断、不抢话、不解释。

（1）不急于解释和评论客户的观点。因为过快的解释和评论相当于拒绝或者否定客户的观点，很容易让客户产生自我防御心理。

（2）及时给予客户情绪安抚。无论客户表述的情况是否与实际存在偏差，我们都要及时安抚客户。

（3）适当忽略客户的无理（礼）言辞。在服务沟通过程中，难免会遇到客户"无理取闹"或者"出言不逊"，需要我们对一些不好的言辞选择性地忽略。

另外，在客户讲话的过程中尽量不主动反馈或者讨论相关细节，客户有明确要求时除外。因为，在与情绪激动的客户沟通时，客户一般不会理智地分析我们所给出的解释或者建议，而是想尽可能地通过讲话来表达和发泄心中的不满。

第二步：详细记录客户讲话过程中所描述的问题、观点以及诉求。

必要时，针对客户所描述的一些细节与客户进行确认，主要目的是将客户的精力转移到对细节的回忆上，从而逐步让客户变得理智。例如：电费的具体金额、事件发生的具体日期及时间、详细的事件经过等。

需要注意的是：与客户确认的细节必须与处理客户的问题相关，但是数量尽量不要太多或者沟通太过频繁。同时，可以使用"好的，我记录下来了！"作为倾听反馈的语言，告诉客户我们在认真地倾听客户讲话并且细致地记录。

第三步：如果客户描述的事情比较多或者比较复杂时，在确认客户已经表达完所有内容且得到客户允许的情况下，建议对客户所表达内容进行概括性的总结。

例如，可以这样说："×先生/女士，为了能够确保我完全理解您的意思，我把您的需求跟您确认一下……"然后再对客户表述中的需求进行一一确认。这一步是继续利用我们的总结让客户的注意力集中在所确认的内容细节上，在进一步平息客户激动情绪的同时，把握说话的主动权。

如果客户的问题非常单一且明确，也可以跳过此步骤，但是在正常的服务沟通中，还是建议利用此步骤来确保我们对客户需求准确理解。

注意事项

（1）在不存在安全风险的情况下，应当给客户足够的时间表达自己的异议，并通过语言或肢体语言回应客户我们已经明白客户的观点。

（2）针对客户的情绪激动，尽量不使用"请您冷静一下！"这样的要求性语言，而应通过"我非常理解您的心情！"等语言间接让客户放下心中的对抗情绪，以此缓解客户的激动情绪。

应规避的沟通风险点

（1）抢话或急于解释自己的观点或看法。

（2）直接否定客户的观点或客户的感受，如"您没有必要那么想！"

（3）出现（疑似）不耐烦的动作或面部表情，如转身、看向其他地方、皱眉等。

2.2.2 意图判断及排序

在需要处理多个客户需求的服务沟通中，当明确客户的意图之后，需要对多个需求进行优先顺序的排序。

◎ 作用

（1）让客户感受到被理解，避免让客户感觉我们在逃避问题或者避重就轻。

（2）通过有逻辑的处理顺序，向客户展现我们专业的业务及服务能力。

（3）可以帮助客户厘清思路，帮助案件快速且顺利地完成。

◯ 技巧应用

捕捉客户在描述情况时的原因，一般客户反复强调或者影响客户情绪的事情都是客户比较关心的。我们可以参考下面的顺序进行客户问题处理的优先级排序：

（1）涉及任何人身安全的问题。

> **场景举例**
>
> 客户反映停电，家中老人吸氧，要求尽快送电。经核实客户欠费停电，应先告知客户将即刻安排复电，再请客户尽快结清电费，以优先保障客户人身安全。

（2）正在或即将给客户带来经济损失的问题。

> **场景举例**
>
> 遇计划停电，用户无法正常生产面临损失，优先主动引导客户租用发电车等应急电源解决生产问题，再向用户解释电网改造是为了客户用电更有保障。

（3）客户更关心的问题。

> **场景举例**
>
> 预付费的客户由于不理解停电的规则，以及对电话催缴人员的语言

表达非常不满导致打电话进行投诉。此时应先处理客户对电话催缴人员不满的问题后，再解释停电规则。

（4）客户一般问题。根据客户描述问题的顺序——进行处理即可。

注意事项

当我们希望优先处理技巧应用中的第（1）项和第（2）项，为了避免由于客户的不理解而导致客户拒绝，需要主动提示客户这样做的原因。

应规避的沟通风险点

由于处理客户问题的顺序不合理，导致客户承担损失及风险，或者让客户产生我们逃避问题的误会。

2.2.3　客户打断

客户打断是指我们在向客户提供解决方案或者描述事情时，客户此时有讲话的需求而打断我们，此时应当让客户先讲。

作用

（1）表示对客户的尊重，避免给客户产生不让说话或被忽视的感觉。
（2）给客户补充其他信息的机会。

技巧应用

当客户有明显想讲话的意图时，工作人员应主动停止自己的语言，并让客户进行自己的意思表达。因为当客户想讲话但没有讲话的机会时，不仅会让客户感觉不被尊重，而且接下来客户基本不会仔细听我们在表达什么。因此，遇到此情况时，可以参考下面的方法进行应对：

（1）客户通过"我跟你说""你听我说"等提示语言表示要讲话的需求时，可使用"好的，您请讲！"。

（2）当客户直接讲出内容时，可使用"抱歉，您请讲！"。

注意事项

当遇到客户打断我们的讲话时，我们需要立刻停止自己的语言，并请客户先讲。之后应当特别注意我们的面部表情以及肢体语言，让客户感觉我们喜欢听客户讲话。

应规避的沟通风险点

（1）一味自顾自地说，对客户想要说话的信号置之不理或强调自己先把话说完。例如对客户说："您先听我说""不是，是这样的……"等。

（2）虽然给客户讲话的机会，但是并未使用"好的，您请讲！"这样的语言，这样容易让客户感觉到工作人员的无奈或不耐烦。

（3）面部表情或肢体语言让客户感觉工作人员不耐烦。例如：客户打断后将视觉焦点转移到其他地方或出现较长时间的沉默而没有回应。

2.3　第三式：探寻——挖掘客户诉求，确定问题焦点

探寻是指在倾听的基础上，不仅要对自己所理解的客户意思进行确认，同时还要通过合适的提问来寻找更多线索，快速帮客户解决问题，而不是仅仅依靠客户表达的表面意思提供服务。

> **案例片段**
>
> 客户尤先生在家的时候突然停电了，于是打电话给当地的供电所询问情况。

尤先生："你好！我在家正看电视，怎么突然没电了，我前两天刚充的钱，应该是你们电网故障了，赶紧过来人修一下吧！"

"好的，请问您家里缴纳电费的客户编号是多少？"工作人员根据尤先生提供的客户编号查询到账户并未欠费，也没有相关停电信息，于是回复到："尤先生，您家里用电总开关有没有跳闸？周围其他邻居是否停电了？"

尤先生还没来得及思考，不耐烦地说："没有没有没有，你们快点吧，我等着用电呢！"

"好的，我这边立刻安排师傅上门，请您保持手机畅通！"工作人员提醒道。

尤先生："行！"便挂断了电话。

🔍 案例片段分析

在此案例片段中，并未直接引发沟通冲突或客户不满，但却由于一些问题没有确认到位，很容易在未来工作中留下一些隐患。

隐患1：工作人员一次性提问两个问题导致客户难以迅速思考回答，这样往往无法引导客户提供真实情况，在此情况下派遣技术人员上门检查，有可能会浪费人力资源。

隐患2：并未与客户确认联系方式，如联系电话的确认，这样有可能发生后续无法联系到客户的情况。

探寻是帮助我们完全理解客户的诉求，并且帮助客户厘清思路的过程，再通过与客户确认需求，锁定整个服务沟通的核心业务主题。探寻包括提问和确认需求。

2.3.1　提问

提问是探寻客户需求最直接的方法。提问的方式有以下两种：

（1）开放式问题，即问题的答案是开放性的，客户可以根据实际情况自由回答，类似于考试中的问答题。

例如：

1）请问您说家里总出现电压不稳，具体是什么情况？

2）请问当时的工作人员是怎么跟您解释的？

3）出现这样的情况已经多久了？

（2）封闭式问题，即问题的答案是封闭性的，问题的答案被事先拟定，客户只须在这些答案中选择合适的一个或几个答案，类似于考试中的选择题或判断题。

例如：

1）请问微信或者支付宝两种方式，哪个更方便呢？

2）请问您是想申请安装一块新的电表吗？

3）我们明天过去给您安装电表，您看上午10点钟可以吗？

在实际应用过程中，开放式问题与封闭式问题都具有相互相对的优势及劣势，具体见表2-2。

表2-2　开放式问题与封闭式问题的优、劣势

指标	开放式问题	封闭式问题
客户费力度[①]	客户费力度高，客户需要通过自己组织语言来回答问题，导致回答问题的时间较长	客户费力度低，客户仅需要根据问题进行选择或判断即可，让客户更容易且更快地给出答案
真实性偏差	真实性偏差低，答案的基础是事件的整个经过，不容易受到问题本身的影响	真实性偏差高，答案的基础是工作人员的假设及工作经验，一旦问题的设定存在问题，很容易导致更大的真实性偏差

续表

指标	开放式问题	封闭式问题
问题灵活性	灵活性高，更容易让客户表达自己的意见及情绪	灵活性低，不利于客户深入、充分地表达自己的意见
气氛营造	更容易营造轻松、自由的沟通气氛	更容易让沟通气氛变得紧张、拘束

① 客户费力度（Customer Effort Score）是服务领域的新名词，首次在著名的《哈佛商业评论》（Harvard Business Review）一篇题为"让客户省心"的论文中亮相，这篇论文由国际组织学习机构——公司执行委员会（Corporate Executive Board）提出。

作用

（1）快速了解清楚客户的真实需求。

（2）通过提问帮助客户厘清其所遇到问题的解决思路。

（3）利用有逻辑的问题，也可以让客户更容易接受我们所给出的解决方案。

技巧应用

在实际的服务沟通中，可以根据开放式问题及封闭式问题各自的相对优缺点合理选择应用，并不存在哪一种提问方式更好的结论。

一般情况下，我们在没有任何信息作为参考时，推荐使用开放式问题，让客户先自由描述所遇到的问题。当根据客户的描述获取一些有价值的信息后，可以再通过封闭式问题更快速地锁定客户的需求。

场景举例

客户："我家停电了，邻居家都有电！你们赶紧派人过来查查，是不是电表坏了？"

工作人员："女士，您先别着急！请问具体是什么情况？[◄◄使用开放式问题] 我来帮助您解决问题！"

客户："就是一直好好的，今天在家看电视的时候突然间就停电了。然后我问邻居家，都有电！现在还没有到交电费的时候，也不知道怎么就停电了。"

工作人员："好的，女士！麻烦您再检查一下您家电源总开关是否跳闸？ [◀◀使用封闭式问题]"

客户："没有！"

工作人员："好的！……"

📝 **注意事项**

在使用封闭式问题时，由于客户很大概率不太清楚提问的思路，因此需要尽可能在提问的同时，对提问的原因或下一步的行动进行简单的解释。

（1）解释提问的原因。例如：为了更快地帮您完成新电表安装，请问您方便提供一下用电地址的产权证明吗？

（2）解释下一步行动。例如：请问您方便提供一下您家电表的客户编号吗？我帮您查询一下现在的账户情况！

通过以上的解释也可以一定程度上缓解由于封闭式问题而造成的紧张、拘束的气氛。

另外，应尽量做到同一时间只提出一个问题。因为，一次提出多个问题会导致客户思路混乱，或者由于客户仅回答了其中的一个问题，导致另外的问题需要再次提问。

💡 **应规避的沟通风险点**

（1）提问封闭式问题时未作任何解释。

（2）一次性向客户提出多个问题。

2.3.2　确认需求

确认需求是指我们根据客户所提供的信息，与客户确认我们对其需求理解是否正确的过程，是保证我们接下来的服务是否可以帮助客户的重要步骤。

◎　**作用**

（1）确认我们对客户需求的理解是否正确。

（2）当理解有偏差时，给客户指出错误的机会，以避免做无用功。

（3）提示客户接下来我们将要做什么。

（4）在有监控记录的情况下，也是对自己服务准确性的一种保护。

💡　**技巧应用**

在与客户确认需求时，可以采用以下两种方式：

（1）直接确认。是指通过提问的方式直接询问客户，我们对其需求的理解是否正确。例如："我理解您的意思是想通过智能交费的功能，每个月自动缴纳电费是吧？"

（2）间接确认。是指通过描述接下来要做的事情，间接让客户确认我们对其需求的理解是否正确。例如："您可以在您的手机上进行设置，设置成功之后每个月的电费就会自动从您的账户中扣除，同时也会给您发送提示信息。"

📝　**注意事项**

需要保证当前客户的注意力在服务沟通上，以避免由于客户无意识地同意后，我们为客户做出无用的操作。

（1）如果客户的注意力在其他地方且手头并没有做其他的事情时，或通过电话与客户进行沟通时，可以通过称呼客户的方式将客户的注意力拉回到我们身上。例如：方女士，您看……

（2）如果客户的手头正在做其他的事情，如打电话、回复信息等，我们可以正面注视客户并静止等待其完成手上的事情，在礼貌地等待中暗示客户我们需要客户的回应。

提示：如果在客户现场提供服务时遇到此种情况，在空间允许的情况下，建议向后退一步的距离，可以展示我们尊重客户的隐私。

💡 应规避的沟通风险点

在未确认客户需求的情况下，直接向客户提出解决方案，尤其是直接帮助客户办理业务，会让客户有一种被忽视、不被尊重、地位低的感觉。

2.4 第四式：表达——塑造积极的专业形象，控制沟通走向

专业的服务表达可以让客户在快速理解我们的意思的同时，还能够让客户的情绪变得更加愉悦。如果不注意表达技巧，即便我们的观点是正确的，提供的方案是合理的，也会让客户心里不舒服。

案例片段1

客户朱小姐回家后看到贴在门上的电费催费通知，生气地打电话给供电所……

朱小姐："你们为什么随便往我家贴条呀？我知道要去交电费！"

工作人员："您家现在欠费了，之前跟您联系不上，就给您留一张纸条提醒一下您赶紧把欠费交上，要不回头是要做停电处理的！"

朱小姐听到这样的解释之后更加生气了，于是质问道："你说你们联系不上我？你告诉我，你们是怎么联系的？什么时候联系的？你们打哪个电话联系我了？"

工作人员："我们之前肯定是给您打过电话的，您可以看一下您手机的通话记录呀！"

朱小姐非常愤怒地说道："你们公司就是这么提供服务的吗？我这里根本就没有接到过你们的电话！"

工作人员："那您看看您的手机是不是有什么设置，我们这里针对欠费的客户肯定会先打电话提醒的，实在联系不上才会贴条提醒。"

朱小姐："我怎么能接到别人的电话，怎么就单独接不到你们的电话呢？"

工作人员："现在是您家出现了欠费，赶紧结清欠费就行了！"

朱小姐："你是什么服务态度呀？你工号多少？我要投诉你！"

案例片段2

客户顾先生到供电所营业厅为自己的新房子申请安装电表，在确认手续的时候……

工作人员："顾先生，您需要提供一下您新房子的产权证明！"

顾先生："房产证吗？"

工作人员："对！"

顾先生："我的房子没有房产证呀！"

工作人员："没有产权证明就装不了电表。"

顾先生："怎么就装不了电表呢？我又不是不交电费！"

工作人员："这是我们的业务规定，您有产权证明才能申请安装电表。"

顾先生："那没有怎么办？"

工作人员："没有就装不了！"

顾先生："那我的房子盖完了就不能用电了是吗？"

工作人员："顾先生，没有合法的产权证明，您家的房子就可能是违章建筑，我们给您装了之后也会被拆掉！"

顾先生听后非常愤怒，大声喝道："你怎么说话呢？你有什么理由和证据说我家的房子是违章建筑呢？"

工作人员："我没有说您家房子肯定是违章建筑，我们这里有规定，没有产权证明就不能给安装新电表。"

随后，顾先生要求找领导并投诉该工作人员。

🔍 案例片段分析

以上两个案例片段中，从客户最开始遇到的问题来看，都不至于导致最后的投诉。基本上都是由于工作人员的表达缺乏技巧，让客户变得气愤之后，最终产生投诉。

在案例片段1中，客户只是因为家里被贴了催费通知而感觉不好，打电话的目的主要是宣泄自己的情绪。其实可以通过诚恳的致歉，并将沟通的重点引导到"之后如何避免此种情况再次出现"或者"建议客户考虑使用智能交费"就可以解决问题。然而，案例片段中的工作人员将谈话的重点一直放在"为什么要贴条"上，而且使用语言方式和词语（如停电、欠费等）都非常消极，很容易在心理上让客户站在对立面。

在案例片段2中，当客户无法提供产权证明时，工作人员一直强调业务规定的问题。在语言上没有展现出来要积极帮助客户解决问题的意思，而且还通过"违章建筑"这样的语言来刺激客户，让客户心中有种"被看笑话"的感觉，最终导致客户投诉。针对该案例的参考话术详见4.2.1相关内容。

表达技巧包括礼貌地表达、客户安抚、致歉、积极的语言、控制沟通节奏。

2.4.1　礼貌的表达

礼貌的表达除了使用礼貌用语外，还包括礼貌的面部表情和肢体语言。

◎　作用

（1）直接对客户表示尊重。

（2）加强自身的专业形象，更能给客户增加信任感。

（3）匹配中国的礼仪传统，避免让客户产生业务以外的不满。

◈　技巧应用

礼貌的表达方式多种多样，应根据实际的服务沟通场景及事件背景进行调整，以下内容都属于本范畴。

（1）礼貌用语。常见的礼貌用语包括：

1）"请"：在寻求客户帮助或需要客户做出一些动作时，都应该使用"请"以表示对客户的尊重。

> **例　如**
>
> 表达A：请问您家电表的客户编号是多少？
>
> 表达B：您家电表的客户编号是多少？
>
> A、B两种表达孰优？

2）"您"：这是中国传统文化中的标准第二人称尊称，在服务沟通中代替一般第二人称"你"。

例　如

表达A：我非常理解您的心情！

表达B：我非常理解你的心情！

A、B两种表达孰优？

3）"谢谢"：一般在获得客户的帮助或理解后使用。在日常生活中可以单独使用"谢谢"，但在服务沟通中，建议与客户的尊称同时使用，以加强语言含义的程度。

例　如

表达A：杨先生，谢谢您的理解！

表达B：谢谢！

A、B两种表达孰优？

4）"再见"：是主动向客户道别的常用礼貌用语。在服务沟通中同样建议与客户的尊称同时使用。

例　如

表达A：再见，王女士！｜王女士，再见！

表达B：Bye-bye！

A、B两种表达孰优？

在客户主动道别时，我们可以匹配使用客户的道别语言。例如Bye-bye、明天见、再会等。

（2）礼貌的表情。

1）真诚的微笑：一般认为露齿的微笑更为真诚。在所有的服务沟通场景中，都应保持真诚微笑的面部表情，包括在电话沟通过程中。

2）略带着急的表情：在为遇到紧急情况的客户提供服务时的表情，这样代表我们尊重客户的感受，会让客户感觉到我们更富有同理心。但是一定要控制到位，着急的程度不要太深，否则会让客户感觉不真实。

（3）礼貌的肢体语言。

1）面向客户：应保证在沟通时身体及面部正对向客户（特殊情况除外，如正在电杆上进行抢修），并且需要注视客户的眼睛或眉心，且眼神尽量不要游离。

2）点头示意：可以时不时通过点头表示对客户的认可以及尊重，同时也代表我们在认真地听客户讲话。另外，在提供解决方案或建议时，配合着时不时地点头，也可以暗示对方认可并接受我们的观点。

3）身体前倾：当客户讲话时，可以略微身体前倾以表示愿意听客户讲话。

💡 应规避的沟通风险点

（1）使用祈使句。祈使句通常是指省略掉主语的句子，多用于表示或加强请求、劝告、命令等语气。在服务沟通中，使用祈使句会给客户带来"被要求""被命令"的心理压迫感，会暗示对方"我的地位比你高"，这样有碍沟通的心理感受。因此，应尽量避免使用祈使句，而换成带有礼貌用语的陈述句或疑问句，具体详见表2-3。

表2-3 规避祈使句

祈使句	礼貌陈述句或疑问句
等一下！	请您稍等！
稍等啊～先别挂您！	请您稍等，不要挂断电话！
听我说！	请您听我跟您解释！
客户编号是多少？	请您提供一下客户编号。
怎么了？	请问当时是什么情况？
什么时候的事儿？	请问这件事发生在什么时候？

（2）使用反问句。反问句如"难道不是吗？"很容易传达出"不耐烦""厌恶""蔑视"等情绪含义，因此在服务沟通中应避免使用反问句，而是直接使用肯定的陈述，具体详见表2-4。

表2-4 规避反问句

反问句	肯定陈述句
我刚才不是说了……	我再解释一下！
不是您说的吗？	我的理解是……
难道不是吗？	是这样的……

（3）不礼貌的声音。除了语言上，一些带有声音的行为也会被认为是不礼貌的，也应注意避免出现，具体详见表2-5。

表2-5 规避不礼貌的声音

不礼貌的声音	含义
较为慢速地吸气后，快速由鼻孔出气而产生的声音，如叹气声等	不耐烦、无奈
双唇紧闭，快速扩展口腔（产生口腔低压）的同时分开双唇，空气经嘴唇进入到口里过程中所产生，如倒吸气发出"滋"声等	不耐烦、为难
双唇分开，通过吸气在齿间形成的"嘶""切"声等	不耐烦、愤怒、拒绝

（4）不礼貌的面部表情。一些面部表情在服务沟通也会给客户传递负面的信息，具体详见表2-6。

表2-6 规避不礼貌的面部表情

不礼貌的面部表情	含义
单侧嘴角上扬	蔑视
两侧嘴角紧闭且下抑，下巴肌肉上顶	厌恶、不耐烦
鼻子两侧肌肉上提	厌恶、愤怒
睁大眼睛的皱眉，且前额（脑门）皮肤用力向后伸展	厌恶、愤怒
面无表情地凝视	厌恶、无奈、克制的愤怒

（5）不礼貌的肢体语言。肢体语言在沟通中也扮演着非常重要的角色，如果使用不当或不注意，也会让客户感觉不礼貌，具体详见表2-7。

表2-7　规避不礼貌的肢体语言

不礼貌的肢体语言	含义
侧向或背向客户讲话	无视、蔑视
坐姿时抖腿	不严肃、随意
坐姿时身体后仰	拒绝、不耐烦、蔑视
双臂交叉或抱肩	拒绝、防御
双手交叉并置于后脑勺	不耐烦

（6）其他不礼貌的行为。另外，还有另外一些行为如果在沟通中出现，也会让客户感觉到不礼貌，具体详见表2-8。

表2-8　规避不礼貌的行为

不礼貌的行为	纠正
吃东西或明显的舌头乱动	避免出现
翻看手机或摆弄手中物品	避免出现
给客户讲解信息时，用笔在文件上圈画内容	使用食指在文件上指点，或使用带有指示性质的便利贴进行标记
从眼镜框外面（多为上侧）看向客户	避免出现如出现眼镜下滑的情况，可用手轻推镜腿将眼镜置于合适的位置
自言自语	避免出现

2.4.2　同理心安抚

客户安抚是在服务沟通过程中，客户出现或有很大可能出现负面情绪时，通过设身处地地为客户着想并安慰，以平复客户的情绪。

客户出现负面情绪是服务沟通过程中经常会遇到的情况，需要工作人员第一时间进行安抚。安抚是提升服务沟通效果的必备环节。

◎ 作用

（1）展现服务同理心，拉近与客户之间的心理距离并获得信任。

（2）平复客户的负面情绪，有利于整体服务沟通。

◎ 技巧应用

我们需要通过语言表达对客户已经产生的情绪进行认可、接受、理解并展示自己的感同身受。例如："我非常理解您的心情！""如果是我也会有同样的感受！""请您先不要着急！"等。

场景举例

客户打电话对上门催费人员在家门上粘贴交费通知很不满……

客户："我今天一回家看到我家门上面贴了一张你们供电所的电费通知，让我赶紧交费！我感觉很没面子，也很生气！"

工作人员："非常抱歉，女士，请您不要生气！我非常理解您可能是因为太忙而忘记交电费了……"

客户顺势抢话道："对呀！谁没有点自己要忙的事情呀！你们这样弄，搞得我好像故意拖欠电费，要不就是家里出事了似的。本来就累了一天了，到家还弄得心情这么不好！"

工作人员："我非常能理解您！为了避免此种情况的再次出现，我跟您介绍一下智能交费的一些操作方法，大概占用您2分钟的时间，您看可以吗？"

"嗯嗯，你说吧，怎么弄？"客户还是有些生气，但是也已经注意听工作人员接下来的详细介绍。

◎ 注意事项

（1）致歉也是客户安抚的一种技巧，详见2.4.3相关内容。另外，在进行客户安抚时，还应注意以下细节。

（2）安抚的语言讲完后，尽量控制自己不要使用转折连词。例如："我非常理解您的心情！但是由于现在堵车，没有办法按时到您那里抢修，请您多体谅！"详见2.4.4相关内容。

（3）我们应掌握多种安抚性语言，并根据情况交替使用，避免让客户感觉我们在敷衍。例如："我理解您的心情""我曾经也面临过这种境遇""您打电话过来就说明您信任我""换成我是您，我也会生气""您是我见过最公正的客户""您遇到的问题有一定的代表性"等。

（4）所有安抚语言都应该是礼貌的陈述句，而且后面也尽量跟随陈述句语言，不应该出现征询式（疑问句）的安抚。例如："请您不要生气，可以吗？"

（5）以下几种表达，在某些特定情况下虽然也可以起到一定的安抚作用，但是也会有"你错了""至于嘛"的含义。如果使用不当，不仅达不到安抚的目的，反而有可能会使客户的情绪更加恶化，应当避免使用。

1）讲道理式安抚。例如："我跟您解释一下！"

2）强迫式安抚。例如："您要理解我们一下！"

3）无所谓式安抚。例如："没关系啦！""没事，没事！"

4）指责式安抚。例如："是您理解错啦！"

应规避的沟通风险点

（1）安抚时使用转折连词。

（2）使用征询式安抚。

（3）使用讲道理式安抚。

（4）使用强迫式安抚。

（5）使用无所谓式安抚。

（6）使用指责式安抚。

2.4.3　致歉

所谓致歉就是工作人员向客户表达歉意，可以分为主动致歉（即客户未要求，而我们主动向客户表达的歉意）和被动道歉（即在客户的要求下，而向客户表达的道歉）。在此，我们需要重点关注的是主动致歉，因为相较于被动道歉，主动致歉更有助于服务沟通的顺利进行，且更容易被客户所接受。

◎　作用

（1）寻求客户的谅解、理解或帮助。

（2）展现同理心，安抚客户情绪，给客户更积极的感受。

（3）体现服务沟通的真诚，引导客户客观看待问题。

（4）合理的致歉还可以帮助维系客户关系。

💡　技巧应用

（1）致歉时语言的选择。能够表示歉意的词语有很多，最常见的有三个，即"对不起""抱歉""不好意思"。虽然都含有歉意的含义，但是它们也有一些差异。

1）对不起：对于歉意的表示程度最深。但是在使用过程中，容易造成沟通气场的不平衡，说"对不起"的一方更容易处于劣势地位。另外，"对不起"的个人意味更浓。因此，当我们与客户沟通的身份是代表所在公司时，则不建议使用；如果是我们和客户之间表达个人的歉意时则可以使用。

场景举例

在抢修过程中，由于没有关注到客户的位置，不小心踩到了客户的脚……

> 工作人员："对不起，先生！我没有注意，踩到您的脚了，请问没事吧？"

2）抱歉：对于歉意的表示程度适中。除了表示对人的歉意之外，更能表达对于事情结果的遗憾，因此更推荐使用"抱歉"或"非常抱歉"来表达歉意。

场景举例

> 客户到营业厅交费，同时抱怨每次都要过来交费，太麻烦了……
>
> 工作人员："非常抱歉，先生，是我们没有告诉您一些其他的交费方式！咱们公司目前也开通了网上交费的服务，您可以手机下载网上国网App，然后……"

3）不好意思：对于歉意的表示程度浅，而且不够正式（较为口语化），不建议使用。因为使用"不好意思"对于时机以及语气的把握要求更高，如果使用不当还可能会使客户产生"幸灾乐祸"的感觉。

（2）致歉时表情的选择。在向客户致歉时，应当使用真诚的面部表情。例如：略带微笑，两侧眼角下抑（轻眯双眼），且轻微皱眉。

（3）致歉时肢体语言的选择。真诚的致歉一定要面向并注视客户，在配合合适语言及表情的同时，需要身体前倾（浅鞠躬）及轻微地（一次）点头，即便是通过电话与客户进行沟通时也要注意。

以上表情及肢体语言同样适用于电话沟通渠道，因为这样通过行为来加强致歉语言中真诚的传递。

场景举例

> 客户吴女士家里突然停电了，打电话给供电所报修，工作人员告

诉吴女士大概在30分钟左右到达现场。35分钟后，抢修人员才到达现场，吴女士抱怨地说"你们说好30分钟，怎么才到呀？我这还等着用电呢！"……

下面两种做法孰优？

做法A：

抢修人员边准备工具边解释道："是刚刚下过雨，路上的车堵得一动不动，我们是绕小路才过来的，要不还得更晚！"抢修人员看了一下手机上的时间，又严肃地解释道："如果不堵车的话我们20分钟就到了。"［◀◀对未做到的事进行狡辩］

"是你们承诺45分钟到达现场的呀，现在超过了时间，感觉你们还有理了！"吴女士有些不高兴地说。

抢修人员收拾好东西后，仔细查看电线杆的电箱，面无表情地问道："这电箱里面的哪块电表是您家的？"［◀◀对客户的抱怨不予回应］

"上面那排，中间的那个就是我家的！"吴女士回答道。

"哦！"抢修人员回应了一声之后就开始进行检查，很快就把问题解决了，又告诉吴女士："好了！您家里现在应该是来电了。"

吴女士听后，回头看了一下自己家里，虽然家里的灯亮起来了，但还是对抢修人员的迟到有些不满。

做法B：

抢修人员急忙放下手中的事情，脸上露出歉意的表情，微笑着说道："吴女士，非常抱歉，让您久等了！请您不要生气，我们接到您家电表抢修的任务之后，就想着第一时间就出发赶往这里，也没有注意到刚刚下雨可能会严重影响交通。发现有拥堵的时候，我就立刻绕小路过来了。也是我们的疏忽，如果能够提前给您打个电话，可能也不会让您感觉等了那么久。［◀◀站在客户角度，承认自己的过失］这的确是我们没有做到位，也希望吴女士您多理解！"抢修人员依旧把歉意的微笑挂在脸上。

吴女士看着眼前抢修人员微笑中的歉意时那么诚恳，语气上带有一些无奈地说："行了，行了，不说这个了！你们赶紧修吧，我这都已经停电好久了！"

"好的，好的！"抢修人员说道，"吴女士，感谢您的理解！我立刻检查一下电表箱，看看是哪儿出了问题。因为在电杆下面比较危险，您可以先回到家里休息，等完事之后我再给您打电话！"

几分钟后，吴女士家中的灯已经亮起。抢修人员致电吴女士说："故障排除了，您看看家中的电恢复了没？"

从做法B中我们可以学习到：面对客户抱怨，应面对面地与客户进行沟通，尽量在沟通中不做其他的事情，通过诚恳歉意的微笑来表达自己对迟到5分钟感到抱歉，站在客户角度，承认自己的过失。

注意事项

（1）当使用方言沟通时，也可以选择方言中不容易产生歧义的致歉语言。

（2）不要在表示歉意的词语后加语气助词，这样会减轻歉意的真诚感。例如："抱歉啊，先生！""对不起啊！"等。

（3）在致歉之后，不建议立即向客户提出问题，而应该在安抚或简单解释之后再向客户提问。因为致歉是针对之前客户所描述事情的回应，如果致歉后立即向客户提问，容易让致歉的真诚感降低。此外，如果问题与客户所描述事情的直接关联性不强，则更容易造成客户理解上的困惑。

场景举例

客户反映一直没有接到抢修人员的电话……

下面两种做法孰优？

做法A：致歉后直接询问客户问题。

客户："你们的人说10点钟给我打电话，怎么现在10:30都还没跟我联系？"

工作人员："非常抱歉，张先生！请问您现在的来电号码，之后可以联系到您是吧？"

客户："对呀，你要明白是我没有接到电话！我现在就是想知道你们什么时候能到这里把我家的电修好！"

做法B：致歉后进行安抚或简单解释再提问。

客户："你们的人说10点钟给我打电话，怎么现在10:30都还没跟我联系？"

工作人员："非常抱歉，张先生，请您不要着急！我接下来立即联系现场的工作人员，确认具体情况之后再给您回电。请问现在的来电号码之后可以联系到您是吧？"

客户："可以！你快点吧！"

应规避的沟通风险点

（1）没有正面对客户的抱怨进行致歉。

（2）致歉后立即对客户进行提问。

（3）在表示歉意的词语后加语气助词。

2.4.4　积极的语言

所谓积极的语言，不是行为上的积极主动，而是通过专业的措辞及句式处理后让所说的话听起来更加舒服，也就是如何把"丑"话说得"漂亮"。

作用

（1）让沟通保持积极的气氛，使沟通的主题以满足客户需求或解决客户问题为核心。

（2）避免让客户感觉遭到拒绝而产生负面情绪。

（3）展现主动的服务意识，增加客户对我们的信任感。

💡 **技巧应用**

我们可以通过以下方法来让我们说得更"漂亮"。

（1）把否定句变为肯定句。此技巧的核心就是在不改变原有含义的前提下，把我们想说的话当中表示否定的词语去掉，如不、不能、没有、无法等，以减轻客户被拒绝的感受。具体详见表2-9。

表2-9 把否定句变为肯定句

否定的说法	肯定的说法
您家没有产权证明，申请不了新装电表	在您家的产权证批下来之后，就可以申请新装电表了
您的这个问题我处理不了	我可以帮助您处理或反映相关的用电问题
我不是那个意思	非常抱歉，我想表达的意思是
您不交电费，肯定会停电呀	您及时交费就可以保证家里电的正常使用。您可以……（给出便捷交费的方法）
我现在也联系不到现场的工作人员	我继续尝试联系现场工作人员，成功之后会第一时间跟您反馈

（2）善用"我"来代替"您"。此技巧的核心是在不改变原有含义的前提下，把语言句子中的主语由"您"（第二人称）改为"我"（第一人称）。这是当话题中涉及不可预知的责任或错误时经常使用的方法。具体详见表2-10。

表2-10 善用"我"来代替"您"

用"您"做主语	用"我"做主语
请问您贵姓	请问我怎么称呼您
您需要出示您的个人有效证件	我需要您出示一下个人有效证件

续表

用"您"做主语	用"我"做主语
请您仔细听我解释	非常抱歉，我再跟您解释一下
您没接我电话	我没有成功电话联系到您
您需要确认家里的电闸是合上的	我建议您确认一下家里的电闸是否合上了

（3）少使用连词，尤其是转折连词。如果在后一句话前使用转折连词，会代表对前一句话的否定。因此应尽量避免使用转折连词，甚至可以直接将句子中的"但是"去掉，不仅不会影响句子的含义，还会更显出服务的主动。

例 如

"我非常理解您现在的心情，但是为了更加快速地处理问题，我需要您提供一下客户编号。"由于转折连词的含义特性，会让客户感觉"我非常理解您现在的心情"并不是发自内心的，只是服务要求必须要说的而已。

可以改为："我非常理解您现在的心情，为了更加快速地处理问题，我需要您提供一下客户编号。"

表2-11中是使用连词和不使用连词的语言对比，可以仔细体会一下之间的差别。

表2-11 使用连词和不使用连词的语言对比

使用连词	不使用连词
即使我给您接上，也保证不了不会出现低电压	在我给您接上之后，可能会出现低电压的情况，并影响电器的正常使用
因为您不能提供准确的信息，所以我不能帮您查询	在您提供准确的信息后，我立刻帮您查询
虽然我也很想帮您把电表装上，但是现在没有可用的线路路径呀	我和您一起再看看有没有其他可能的路径，这样就有办法安装电表了

续表

使用连词	不使用连词
既然您在赔偿协议上签了字，就代表您同意我们安装这根电杆	咱们当时已经在赔偿协议上达成了一致
我联系不到您，何况您也说了您当时不在家	您看之后我怎么联系您更方便

（4）避免使用容易让沟通走向负面的词语。有一些词语在服务沟通中会起到消极的暗示作用，很容易让沟通陷入困境，因此这些词语在沟通中就应当尽量避免出现，具体介绍如下。

1）规定：暗示着"受限制"。尤其当提到是"公司规定"时，会更容易引起客户反感，并联想到"霸王条款"。可以通过解释原因的方式来绕过对"规定"的提及。针对严重失去理智且多次友好沟通无果的客户，可以适当使用一些"国家法律"的内容，但不建议使用"公司规定"。

> **例 如**
>
> "根据公司的规定，必须得到您小区物业的同意才能给您安装充电桩。"可以改为："为了让您之后顺利地用电，我们需要得到您小区物业的同意。"

2）义务：暗示着"付出（出钱或出力）"。在表示是客户的义务时，容易让客户反感。可以通过直接提供对应解决方案的方式，避开沟通上的风险。

> **例 如**
>
> "先生，按时交电费是每一位用户的义务呀！"可以改为："公司现在已经开通不同的便捷交费渠道，您有多种的选择！"

3）责任：暗示着"要分清是谁的问题"。在表示是客户的责任时，除了让客户产生心理反感外，还会让客户感觉到推诿。建议在沟通不要出现"责任"一词，或者可以通过主动承担责任的方式来沟通更加顺畅。

> **例　如**
>
> "您不接电话，这个不是我们的责任呀！"此时，客户会感觉到被指责，会下意识地想"照你这样说，是我的责任呗？"很容易为之后客户的不配合埋下伏笔。可以改为："我们当时没有成功联系到您！接下来……（直接说出后续需要做的事情即可）"

（5）其他一些不积极的表达方式。

1）"是……的"句式。该句式带有强调的意思，但在服务场景中也会带有一丝不情愿或不耐烦。很多时候直接去掉"是……的"，其含义不会发生变化，同时也会略显积极主动。

> **例　如**
>
> "您的问题我是可以帮您记录反馈的。"可以改为："您的问题我可以帮您记录反馈。"

2）"那……吗？"句式。该句式一般不会对客户产生直接严重的情绪影响，但是会让客户感觉到一点点的被质疑，很容易让客户用反问句来回答，让沟通的气氛变得紧张。

> **例　如**
>
> "那他是供电公司进行的施工吗？"这样客户很容易回复："不是你们还有谁？"因此可以改为："他是供电公司进行的施工，对吗？"这样就可以在一定程度上避免客户的反问。

3）"那……只能……了！"句式。该句式会让客户感觉别无选择且必须接受。如果在向客户表示歉意时，会让客户感觉道歉并不是发自内心的，而是一种敷衍。

> **例 如**
>
> "那我只能先给您道个歉了。"可以改为："我先给您道个歉！"

4）"就……的呀！"句式。该句式表示不耐烦，而且还会给客户传递"难道你不知道吗？"这样的信息。

> **例 如**
>
> "我们就可以给您记录反馈呀！"很容易让客户产生不被尊重的感觉。可以改为："我们可以给您记录反馈！"

注意事项

以上积极的语言技巧不仅仅是把话说得让客户听起来更加舒服，在我们的内部沟通中也同样适用。

应规避的沟通风险点

（1）使用否定句式。

（2）使用"虽然""但是"等转折连词。

（3）使用"规定""义务""责任"等词语。

（4）使用不积极的表达方式。

2.4.5 控制沟通节奏

控制沟通节奏的核心是掌握说话的主动权并引导客户的思路，避免节奏失控导致沟通时间过长，又无法解决客户的问题，最终导致客户对我们失去信心。

◎ 作用

（1）控制沟通时间，提高沟通效率，避免陷入无谓的争辩中。

（2）帮助客户厘清思路，将沟通主题控制在接下来的正确方法上。

💡 技巧应用

一般可以通过以下两种方法的配合使用来控制沟通中的节奏：

（1）不正面回答客户问题。所谓不正面回答客户的问题并不是对客户的问题置之不理，而是要解决客户所提出问题背后的真实需求，因为正面回答对问题的解决并没有太大的帮助，而且过于纠缠一些未知的原因，会导致沟通的时间过长。因此，可以通过安抚或者介绍下一步行动先回应客户的问题。

（2）通过问题引导客户思考。在"不正面回答客户问题"技巧中呼应客户问题的基础上，再向客户提出一个问题来引导客户的思路。需要注意的是，所提出的问题必须与解决客户的根本问题相关，否则很容易让客户感觉我们在推诿。

综合以上两种方法，基本上就可以控制沟通的节奏了。

场景举例

客户王先生打电话到供电所，抱怨迟迟接不到抢修人员的电话……

王先生："你们说到了就给我打电话，我都等了快40分钟了，为什么还没有人给我打电话？"[◀◀客户其实是在着急，希望抢修人员尽快到]

工作人员："非常抱歉，王先生，确实是让您久等了！[◀◀客户安抚]我在挂断电话之后立刻尝试联系工作人员，会在5分钟之内再电话与您取得联系[◀◀介绍下一步行动]。王先生，我一会儿给您回复的时候，拨打您现在使用的这个电话号码就可以是吧？[◄◄结束时提出一个问题]，"

客户："对，你打这个电话就行！你们多长时间能到呀？"

工作人员："王先生，我现在就联系工作人员，然后立刻给您回电话，[◄◄介绍下一步行动]请您保持手机的畅通，您看可以吗？[◄◄结束时提出一个问题]，"

客户："行吧，行吧！你赶紧联系，我等你电话！"

工作人员："好的！谢谢王先生理解！"

"嗯！快点吧！"随后王先生便挂断了电话。

注意事项

不能通过打断客户说话或直接忽略客户问题来生硬地控制节奏。控制沟通节奏的关键是，在专业知识及流程非常清楚的基础上，需要提前为每一个行动设计好可以被客户接受的理由，并且在沟通中主动告诉客户。

应规避的沟通风险点

（1）陷入对解决问题并无帮助的无谓争辩中。

（2）通过抢话或不允许客户打断来控制沟通主动权，要求客户听我们讲话，例如"先生，您听我说！"

（3）使用表示不满的语言提醒客户听我们讲话，例如"女士，您说完了吗？"

2.5　第五式：结束——达成共识，确认服务闭环

作为服务沟通的最后一个环节，工作人员在结束阶段很容易忽略一些细节，从而导致客户对整个服务过程的印象不好。根据"峰终效应"，服务结束的感知至关重要。在服务沟通的结束环节，不仅仅是说出结束语并道别那么

简单，更是需要通过一些技巧让我们的服务更加完善。结束技巧包括：服务总结、确认是否有未尽事宜、结束。

2.5.1　服务总结

服务总结是指为客户提供完所有服务之后，对已完成服务进行简要概述，向客户介绍已经完成了哪些服务的同时，清楚地告诉客户接下来的注意事项，以避免客户由于误会而产生不满。

◎　作用

（1）让客户感觉我们重视客户的每一个问题。

（2）告知客户之后可能会发生的事情，提前让客户有心理准备。

☀　技巧应用

在进行服务总结时，可以通过使用数字及适合日常语言表达的序数词（如"首先、其次、再次、最后……"或"第一、第二、第三、第四……"等）让客户更加容易且快速地理解关键内容。

通过数字向客户说明已经帮助客户处理了多少个需求，接下来需要客户注意多少个问题，或者之后客户需要做多少件事情。随后，如果有多件事情需要关注，再借助序数词逐一向客户进行解释。

场景举例

客户钱女士到当地供电所营业厅办理多项业务，工作人员很顺利地处理完客户的问题之后……

工作人员："钱女士，您刚才的三项业务已经全部帮您处理完成，包括：一是帮助您交纳电费128.24元；二是成功把您家的缴费方式改成了智能交费；三是您家新房子的新装电表申请也已经完成。"略作停顿，确认客户无异议后继续说道,"随后有两件事需要您关注一下:第一件事,我们的现场工作人员会和您约定上门勘查的时间,请您保持手机的畅通;第二件事,在现场工作人员上门安装电表的时候,需要您出示您家新房子的产权证明,请您务必提前准备好!钱女士,请问之后需要您关注的这两件事,我给您解释得还清楚吗?"

钱女士:"嗯嗯嗯!说得挺清楚的,我记住了!"

注意事项

在为一些老年人提供服务时,由于客户对于电力业务的不明晰(如不会使用智能手机而无法便捷交费)、固有习惯的影响(如无法理解用电智能交费)以及身体原因(如听力下降)等,我们更需要在每一次服务结束后,利用本技巧让客户清楚问题已经解决或者后续需要做什么事情。

另外,我们也会遇到客户针对同一问题再三追问的情况,很多时候追问的原因不是客户不理解或者是我们没有解释清楚,而是客户担心自己记不住,尤其是未来需要客户进行一些操作的时候。面对此种情况,我们可以按以下方法操作:

(1)将需要客户做的事情逐一写下来,必要的时候还可以通过简单绘画的方式,给客户作为参考。

(2)留下我们的联系方式,让客户的家人或朋友与我们进行沟通,解决客户的问题。

(3)寻求客户其他家人的联系方式,主动联系并帮助客户解决问题。需要注意的是,最好先由客户告诉家人我们将会与其进行联系。

应规避的沟通风险点

(1)不主动进行服务总结或者仅仅向客户说明"业务已经办完了"而没

有向客户说明"已办完了什么业务"。

（2）没有详尽提示后续客户需要操作的事项。

2.5.2　确认是否有未尽事宜

确认是否有未尽事宜一般是在服务总结（详见2.5.1相关内容）之后使用，是绝大多数客户服务正式结束前的必要流程，可以更好地提升一次解决率或客户满意度。

◎　作用

（1）避免客户再次来访，减少由于给客户带来不便而导致的客户不满。

（2）展示服务的主动，不给客户造成我们急于结束服务的误会。

（3）暗示客户服务即将正式结束，提醒客户如果还有其他问题可以一起解决。

◎　技巧应用

本技巧的应用意义非常大，但是操作却非常简单，就是在服务总结且确认客户针对已完成服务没有问题之后，再确认一下客户是否还有其他问题。也就是我们可以通过询问客户："请问还有其他我可以帮助的吗？"或者"请问您还有其他业务需要办理吗？"等来确认我们是否还需要服务客户其他的用电问题。

（1）如果有其他问题，继续帮助客户处理问题。

（2）如果没有其他问题，可以进入到服务结束阶段。

场景举例

客户金女士带着身份证到供电所营业厅办理业务，工作人员帮助完成所有的业务并完成服务总结之后……

工作人员："金女士，请问还有其他我可以帮助您的吗？"

金女士想了想，说："对了，还真有一件事！你帮我看看我母亲家的电费，我想顺便给交了，因为最近几个月我母亲一直住在别处，邻居说供电所已经去家里好几次了，家里都没人。"说着，金女士递过来一张纸条，上面写着一个客户编号。

工作人员礼貌地接过纸条，说道："好的，金女士！请您稍等！"说完便帮助金女士完成了交费，并且还主动告诉金女士通过网上国网App进行交费的便捷方法。

确认金女士已经完全理解之后，便又一次询问："金女士，请问还有其他我可以帮助您的吗？"

"啊！没有了，谢谢你哈！"金女士想了想后说道。

"不客气，金女士！如果您之后有任何用电问题，可以随时与我们联系！"

"行，好嘞！"金女士边回复边收拾自己的东西，起身要走。

工作人员也起身面向客户"金女士，祝您生活愉快！再见！"

"再见！"说完，金女士便离开了营业厅。

注意事项

无论客户咨询的问题或办理的业务简单或者复杂，在完成服务之后，我们都应当询问客户是否还有其他我们可以帮助的问题。

应规避的沟通风险点

（1）在完成服务总结后，不与客户确认是否还有未尽事宜。

（2）在服务过程中询问客户是否还有其他未尽事宜，这样做很容易给客户带来急于结束服务或者不耐烦的感觉。

2.5.3 结束

服务的结束技巧就是明确地告诉客户本次服务沟通已经结束，也是给客户留下贴心服务专业形象的最后一个沟通必需环节。

◎ **作用**

（1）明确服务沟通正式结束，暗示客户可以挂断电话、离开服务柜台、（针对现场服务）我们将离开服务现场等。

（2）通过致谢、表达进一步服务的意愿，给客户留下专业服务的印象。

◇ **技巧应用**

服务沟通时，需要在完成服务总结（详见 2.5.1 相关内容）及确认客户没有其他问题（详见2.5.2相关内容）后才可以到最后的结束环节，说出服务结束语。

根据我们电力服务的特点，结束语可以由下列几个部分组成：致谢语言（和/或）承诺语言、祝福语言、道别语言。

（1）致谢语言。致谢语言是指感谢客户对供电公司服务的认可、信任以及支持。例如："感谢您对我公司服务的认可！""感谢您对我公司的支持！""您的建议是为了促进我们公司进步和发展，我代表公司感谢您的关注""感谢您对我们工作的理解"等。

（2）承诺语言。承诺语言是指向客户给出服务承诺的语言。例如："如果有任何用电问题，您可以随时联系我们！"。此类结束语一般多用于非面对面的服务沟通（如电话沟通等），主要是向客户展示该沟通的畅通性。

（3）祝福语言。祝福言语是指在结束语中使用祝福的语言。例如："祝您生活愉快！""祝您生意兴隆！"等。

（4）道别语言。道别言语是指向正式向客户道别的语言。例如："再见！""再会！"等，或针对有未来预约时间的客户，也可以使用"明天见！"等带有大概预约时间的语言进行道别。

（1）无结束语。

（2）结束语不完整。

2.6 其他沟通注意事项

作为沟通的一种，服务沟通也应该关注影响沟通的一些非常关键的要素，包括语言、语音、语速、音量、口头语、错别字与表情符号等。这些要素是沟通的基本功，也是沟通的催化剂。

2.6.1 语言

需要从客户的角度出发，选择客户习惯使用或更容易理解的语言。在通常情况下，应当尽可能使用普通话，但在客户有语言需求时，可以使用方言（如闽南语等）进行沟通。

所使用的语言应当通俗易懂，避免使用过于专业的语言，请参考表2-12中所示内容。

表2-12 语言

专业的语言	推荐使用的语言
"供电企业"	"我们" / "供电公司"
"结算""测算""核算"	"计算"或不主动提及
"清算""冻结"	不主动提及
"据实扣费"	"根据您未结清的电费进行扣费"

2.6.2 语音

在进行电话或面对面沟通时，语音应当做到以下两点：

（1）语音清晰。避免出现吐字不清晰、吞音等现象。

（2）富有感情。避免使用枯燥、无力且平淡的语气，应当在语音中注意语调的抑扬顿挫、停顿及重音的合理应用。

2.6.3　语速

服务沟通中的语速不是一成不变的，而是在保证语音清晰的前提下，根据不同的情况对语速进行适当的调整。以下内容可以作为语速控制的一些参考：

（1）一般服务场景。采用日常服务的语速即可，即240字/分钟左右。

（2）客户遇到突发情况而着急时。例如：客户家中突然停电，建议采用稍快一些的语速，即240~280字/分钟。

（3）客户遇到紧急情况而恐慌时。例如：家中的电器着火，导致客户惊慌失措，使用较快的语速确认当前的人身安全后，然后使用稍微慢一些的语速安抚客户的情绪以保持冷静，最后再使用适中或稍快的语速向客户说明注意事项。

（4）当客户存在听力或障碍时。例如：对老年人客户，应当使用较慢的语速进行沟通。

2.6.4　音量

音量的控制以让客户能够听清楚为标准，并没有特别固定的标准。如果客户提示无法听清我们讲话时，我们可以适当小范围地调整音量，因为较大幅度地提升音量很容易造成"不耐烦"的误会。可参考以下方法进行音量调整：

（1）在电话沟通时，如果客户提示我们的声音小，可以：①检查电话的麦克风的位置是否合适，如果距离嘴边较远，应适当将麦克风调整到离嘴边3~5厘米的位置，太近的距离可能会由于呼吸在通话中产生噪声；②检查电话设备是否正常，如麦克风收音口处是否有堵塞物等；③提示客户尝试提高其电话的音量，尤其是针对使用手机的客户。另外，应当尽量避免使用电话的免提模式进行沟通。

（2）在面对面沟通时，如果客户提示我们的声音小或者出现相关的肢体动作，如小范围转头并身体前倾并且让一次的耳朵距离我们更近，我们可以适当提高自己的音量，并向客户确认"我现在的声音大小可以吗？"。如果沟通环境嘈杂，在条件允许的情况下，可以邀请客户到较为安静的地方继续沟通。

2.6.5　口头语

口头语是指在沟通中频繁出现，且对沟通没有积极作用的无意识语言，举例如下：

（1）嗯…… / 呃……

（2）这个……/那个……

（3）也就是说……

另外一些口头语，在沟通中还会起到消极的暗示作用，应当在沟通中注意并避免使用，举例如下：

（1）不是…… / 没有……。例如："不是，我知道两个号在一起，但是您也得把号给我呀！我得……"等。这类口头语会让客户感觉"被否定"，容易打消客户主动说话的意愿。

（2）我跟你讲…… / 听我跟你说哈。例如："我跟你讲，现在是月底了……"等。这类口头语会给客户产生"被教育""被命令""被嫌弃理解能力差"的感觉。

2.6.6　文字量、错别字与表情符号

随着互联网的发展，文字在服务沟通中也起着举足轻重的作用，需要我们关注以下几个技巧：

（1）文字数量，是指我们发送文字信息时的字数。通常我们采用短信或者微信发送文字信息时，单条信息的字数不建议超过70个字符，或者尽量保

证客户收到的信息显示在3~5行为最佳。因为单条信息文字过多，会导致客户对信息阅读及理解的抵触，不利于信息传达。

（2）错别字，是指我们输入的错误的文字。为了尽量避免错别字的出现，应当在信息发送前通过检查来降低错别字的出现概率。

（3）表情符号，是指在文字沟通中展现我们当时面部表情（情绪）的一种图形信息。在服务沟通时，应当尽量使用代表正情绪的表情符号。例如：开心、兴奋、感谢、合作等表情符号。如果与文字同时发送时，建议表情符号在文字信息的前面。因为这样会让客户先看到表情符号，使其不自然地以表情符号所关联情绪来阅读之后的文字，否则客户更容易通过其自身当时的情绪来理解信息的含义，更加容易产生误会。

2.7 投诉处理技巧

投诉处理技巧的目标是掌握如何更有效地协商困难的服务形势。通常情况下，处理投诉问题不太会是一件令人高兴的事，但是我们可以通过处理技巧把它变得更令人愉快些。

如果我们抱有否定的观点，认为沟通的气氛会进一步紧张，我们的潜意识里就会产生抗拒或防御的想法，最后真正导致我们认为客户"更加不讲道理"了。

相反，如果我们的想法积极而清晰，认为客户的愤怒是有原因的（需要宣泄），这样我们就可以理智地看待客户的抱怨、生气甚至对我们的发难。所以时刻保持镇静且具有积极的心态看待客户投诉，一般都会获得令我们满意的结果。

2.7.1 投诉处理注意事项

1. 放慢说话的语速

多数情况下，客户在投诉时的说话速度都很快，因为一般人越是心烦意乱，说话的速度就越快。我们第一步要做的就是通过放慢自己的说话速度，通过我们的"示范"间接帮助客户放慢说话速度，最终让客户冷静下来。如果不放慢说话的语速，客户会有以下想法：

（1）我们并不是发自内心地想解决客户的问题，而是不耐烦。

（2）我们不理解客户，不认可客户对自己需求的描述。

2. 降低说话的音量

当我们降低说话的音量或者说话变得柔和时，客户不得不更加仔细地听，以便听清楚我们在说些什么，这样会转移客户的注意力，从而"缓和"服务沟通中的紧张气氛。如果与客户一样大声，客户会有以下想法：

（1）我们并不在乎客户的感受。

（2）我们不愿意倾听并尝试理解客户。

（3）我们对客户的需求不耐烦，希望通过音量压过客户从而尽快结束服务。

（4）我们心里可能在嘲笑客户的"无知"。

3. 对任何误会表示歉意

也就是通过使用安慰的话语，最终能够"寻找到达成一致的共同点"，具体内容请参考2.7.2相关内容。如果不对误会表示遗憾，客户会有以下想法：

（1）我们不会真正地为客户着想，因为根本就不理解客户的感受。

（2）缺乏心理上的互动，我们站在客户的对立面。

4. 耐心倾听客户所讲的内容，不急于向客户解释

在客户表达不满或者抱怨时或者刚刚讲完话之后，不应当立即向客户进行解释。由于客户的情绪非常不稳定，任何的解释都有可能会被认为是在"狡辩"，容易直接否定我们的所有说法。

此时，无论客户说什么，无论客户描述的事情多么地不符合实际，无论客户多么地"冤枉"我们，我们都需要控制好自己说话的欲望，让客户把话说完，且在说完之后给一些时间（3秒左右）以确认客户已经完全表达完自己的意思。

5. 在倾听时记下投诉情况的具体细节

为了表示真正关注客户的问题，我们应当明确地告诉或者展示给客户我们正在或者需要记下客户所说的具体情况，这样可以帮助我们控制客户的说话速度。因为客户一般不会拒绝我们详细记录他们的需求，这样他们就不得不放慢说话的速度或者停下来，从而间接调整了客户激动的情绪。

6. 用心倾听客户所说的话，提出理智的问题

客户在不高兴的时候，他们的思路一般都不太清晰，有时候甚至无法完全意识到自己在说些什么。因此，我们在听的时候应不仅需要了解事情的经过，而且还应该"体会客户的感受"，通过表达让客户更加信任我们；在提问的时候则应当围绕"解决客户实际问题"尝试让客户接受我们的解决方案。

7. 重复客户说过的话，使他／她冷静下来

"为了确认我对已发生的事情有了明确的了解，我想再回顾一下我们刚才说过的内容……"，然后我们便可以重复一遍客户刚刚说过的话。许多时候，在听完我们复述的内容之后，一部分的客户往往会对他们曾说的话感到有些抱歉，或者客户会说："好像也没说得那么严重！"这样类似的话。

8. 把解决方案告诉给客户，在时限和具体行动上给客户以承诺

这一点至关重要，因为许多客户在知道我们即将采取行动来设法解决问题的时候，就会一定程度地冷静下来。需要我们特别注意的是，我们一定要尽最大努力来兑现我们的承诺，如果遇到无法兑现的情况，应当主动且提前向客户致歉与解释，否则客户将失去对我们服务的信任。

9. 履行承诺，完成后续工作

完成了承诺的工作之后要主动联系客户，以确保客户投诉的问题已经按照令客户满意的方式得到了解决，以巩固与客户之间的关系。

2.7.2　常用安慰投诉客户的语言

以下内容可以作为话术在处理客户投诉时使用：

（1）这个问题提得好，（客户尊称），我很乐意为您解决这个问题……

（2）您的这个想法（感受）没错，可能是我没有跟您解释清楚，我再跟您解释一遍……

（3）我完全理解您的感受，许多客户在了解××××××之前，也都曾有同样的感觉……

（4）我能够理解您为什么会有这样的想法，……

（5）我知道您的感受，（客户尊称），您说的完全正确！

（6）我很高兴您会提出这个问题，……

（7）多数情况下确实如此，……

（8）我知道您现在很忙！

（9）我理解您的心情，如果××××××，这样会不会更好一些？

（10）我能够理解您的观点，（客户尊称）。

（11）我同意您的说法，（客户尊称），您确实需要合理地用电，而且××××××（先说"我同意"，然后再原原本本地重复他们所说的话。这是一个很好的安慰他人的技巧）

（12）我明白您的意思。

（13）我能够体会到这一点，……

（14）我能够理解您的感受！

（15）我与您有同感。

（16）我理解您的处境。

（17）您说得很重要，（客户尊称）。

（18）您的这个建议非常好，（客户尊称）。

（19）这是可以理解的，（客户尊称）。

（20）对，我明白您的意思，（客户尊称），我自己也认为……

（21）您说的情况确实值得深思，（客户尊称）。

（22）您知道，您说的完全正确，我同意您的观点，（客户尊称）。

（23）在这一点上，您完全正确，（客户尊称）。

（24）对，而且……

（25）您的这个观点证明了您很善于思考，（客户尊称）。

（26）对，我能够想到这一点，（客户尊称）。

（27）对，在这一点上我与您有同感，（客户尊称）。

（28）对，我能够意识到这一点，（客户尊称）。

第 3 章

" 异议服务沟通技巧 "

在服务沟通中，除了需要掌握必要的沟通技巧之外，还需要制定一些有助于服务结果的沟通策略。沟通策略主要分为：①预防策略，用于避免一些不必要的沟通困境的出现；②应对策略，用于化解或减轻已产生的沟通困境引起的负面影响；③引导策略，用于帮助客户接受并选择最佳的解决方案。

3.1　预防技巧

为了能够最大限度地确保服务沟通的成功，最应重点关注的就是预防沟通困境的出现，避免由于沟通不到位导致客户的误会或者纠缠于某个不必要的细节。

3.1.1　第六式：关键提醒——尽早强调关键问题避免冲突发生

由于客户并不像我们一样是电力服务领域的专业人员，所以并不一定了解服务流程中的每一个细节。因此，需要我们尽可能主动提醒客户每一个细节，避免由此产生误会。

适用的业务场景：业扩报装、智能交费等各类业务办理。

案例片段

　　客户想为自己家新盖的房子安装新电表……

　　客户："我想申请装一个电表。"

　　工作人员："好的，先生！请您提供一下您的身份证和产权证明。"

　　客户："产权证没有带！"

　　工作人员："没关系，先生！这是一份《普通客户用电业务办理告知书》，您看一下，如果没有问题的话您在后面签个字就行[◀◀未强调关键信息]！"

　　客户："好的！"客户简单看了两眼之后，很顺利地签了字并递给了工作人员。

　　工作人员接过《普通客户用电业务办理告知书》确认客户已经签了字后[◀◀仅确认了客户签字未确认客户知悉]，便在系统中完成工单。系统操作过后，告诉客户已经完成新装电表的申请，并提示客户保持电话的畅通，之后现场工作人员会联系客户进行现场的勘查。

🔍 案例片段分析

1.工作人员在沟通时，哪个地方给了客户错误的暗示？

　　错误暗示①：客户针对工作人员询问是否携带产权证明后回复"没有"，之后工作人员的"没关系，先生！"暗示着客户"产权证不重要"。此时，虽然工作人员更想表达的意思是"现在没带产权证没有关系，之后我们的工作人员可以上门收取"，但是客户容易误解为"可以不用产权证"。

　　错误暗示②：工作人员递过《普通客户用电业务办理告知书》

后说"您看一下，如果没有问题的话您在后面签个字就行！"，容易被客户误解为只需要客户在《普通客户用电业务办理告知书》上签字即可，这只是一个过程。由于时间或者客户自身习惯的问题，有很大可能性会直接签字确认，对《普通客户用电业务办理告知书》中的关键内容并没有仔细阅读并接受。

2.在接过客户签字的《普通客户用电业务办理告知书》之后，工作人员还需要做哪些提醒？

提醒①：告诉客户现在申请安装电表时，可以先不提供产权证明文件。之后在进行现场勘查时，现场工作人员会查看客户房屋的产权证明。

提醒②：在正式进入到业务办理流程前，针对《普通客户用电业务办理告知书》中所有会影响业务办理的关键信息向客户进行解释和提醒。

🔍 策略解析

大多数服务沟通出现困境的主要原因都是"未知"或"误解"。所谓未知，是指客户由于对某一个业务流程必要的环节不清楚，而导致服务沟通出现困境。所谓误解，是指客户知道某一业务流程的必要环节，但是所理解的细节内容与我们所希望的存在偏差。

告知信息这项行为，不是站在我们的角度考虑"是否告诉了客户"，而是站在客户的角度分析，判断客户"是否真正地接收到了准确的信息"。

◎ 作用

（1）设定客户心理预期，避免客户由于不清楚环节或者焦急等待而产生不满情绪。

（2）规避因理解偏差导致的服务风险。

💡 关键技巧

通过关键提醒，告诉客户接下来会发生什么，关键提醒信息包括但不限于以下要点：

（1）时间。指什么时候、多长时间。例如：抢修中的预计到达时间、客户交清电费之后的复电等待时长等。

（2）事件。指会发生什么事情。例如：现场工作人员会进行实地勘查、需要客户提供房产证明等。

（3）注意事项。指与"时间"和"事件"相关且需要客户参与或者特别关注的事情。例如：要提供产权证等报装必备材料、要客户保持电话的畅通、让客户关注家中的来电情况等。

（4）容易产生的误会点。指有可能会造成客户误会的事情。例如：在开车途中或抢修过程中不方便接听客户电话等。

✂ 策略应用

本节开篇案例应用"关键提醒"策略后：

工作人员："这是一份《普通客户用电业务办理告知书》[◀◀以下简称《告知书》]，需要您仔细阅读一下《告知书》的各项内容。"然后用手礼貌性地又指了指《告知书》，继续说："《告知书》上需要您格外关注的地方，我已经帮您作了标记[◀◀提醒关注关键内容]，其中，产权证明文件是必须要的，如果您现在没带，可以先不提供，之后我们现场工作人员勘查的时候，需要您一定准备好房屋产权证明文件！有什么问题您可以随时问我！"

客户："好的！"然后开始仔细地阅读起了《告知书》的每一项内容。

其他应用案例请参考4.2.4抢修时间应对策略中的相关内容。

💬 **策略总结**

先通过礼貌提醒客户需要特别注意的事项，尽量避免之后在任何的责任上的兵戎相见，也避免客户对后续处理流程不了解而产生不满情绪。

因此需要尽可能总结业务流程容易出现问题的环节，并主动提醒客户关注。

3.1.2 第七式：语言积极——以积极的语言表达避免客户误解

展现积极的服务态度并使用积极的服务语言在服务沟通中至关重要。在实际沟通过程中，常常会遇到客户情绪激动、表述不符合事实等问题，我们不应受客户情绪影响，应该用积极的语言把"丑"话说得漂亮。

适用的业务场景：电费催缴、故障抢修、电表校验等现场服务。

案例片段

客户："你这穿着供电公司的衣服上门来催我交电费，让邻居看到会感觉我欠钱似的，你知道吗？你考虑到我的面子问题吗？"

工作人员立刻解释："李先生，我不是那个意思！" [◀◀否定式表达]

客户："那你什么意思？不就是欠你们100多块钱的电费吗？至于催得那么紧吗？"

工作人员继续解释道："我也是看到您家现在已经产生欠费 [◀◀消极表达]，给您打了几次电话都提示号码不存在，我到您家就是提醒一下您赶紧交电费，要不就该停电了！" [◀◀消极表达]

客户："我怎么就是'欠费'了？一直都是我先用再交钱呀，我又不是不交，我欠什么了？保障我们百姓用电不是你们供电公司的责任吗？"

工作人员："的确是我们的责任，但是交电费也是您的义务呀！" [◀◀消极表达]

客户："你这是什么态度呀？！上门催债似的，还这么凶！你工号多少呀？"

工作人员："我的工号是1028。我过来……"

没等工作人员说完，客户李先生说了一句"我知道了！"然后就重重地关上了门。

案例片段分析

1.工作人员哪句话受到了客户的语言影响？

工作人员所说的"我也是看到您家已经产生了欠费……"受到了客户"不就是欠你们100多块钱的电费吗？"这句话的影响。客户语言中的"欠"是指欠费，是一种负面且消极的语言，在沟通中我们应当尽量避免使用。但是客户提到了"欠"，在此情况下，我们就很容易随着客户的语言而出现失误。

2.工作人员的哪些行为或语言让客户的情绪变得更加不好？

工作人员的急忙解释，以及"李先生，我不是那个意思！"这句话让客户感觉自己"被否定"了；另外，工作人员的继续解释中，使用了"欠费""号码不存在""停电"这样的消极表达。

3.工作人员的哪句话受到了客户情绪的影响？

"的确是我们的责任，但是交电费也是您的义务呀！"这句话更是受到了客户情绪的影响。此句话中的"但是"作为转折连词，间接代表着对"的确是我们的责任"的否定。

策略解析

通过使用积极的语言表达，避免客户抓住我们语言或行为上的疏忽，进而把我们作为情绪的宣泄口。

无论客户的语言或者情绪是什么样，我们都应该保持清醒的头脑，站在客户的角度理解并接受，并尽可能平复客户的情绪。否则，如果我们被客户影响，就会很容易出现"越解释越错"的困境，并出现语言上的失误。

💡 关键技巧

本策略的关键技巧请参考2.4.4相关内容。

✂ 策略应用

本节开篇案例应用"语言积极"策略后：

客户："你这穿着供电公司的衣服上门来催我交电费，让邻居看到会感觉我欠钱似的，你知道吗？你考虑到我的面子问题吗？"

工作人员并未针对客户的问题急于解释，而是用带有歉意的表情和语气说道："非常抱歉，李先生！的确是我让您产生误会了！[◀◀主动致歉] 我这次来也是想跟您确认一下您的联系电话是不是变了，如果变了的话我接下来帮助您做一下信息的变更，方便之后电话联系！"工作人员稍作等待之后，便拿出自己记录的信息，并指向了联系方式那一栏，礼貌地问道："李先生，请问这个电话号码您还在使用吗？[◀◀积极的表达]"

客户虽然感觉有些尴尬，但还是有些不满地说："那个号码我都已经注销快一年了，你们还联系这个电话号码怎么行呢？"

工作人员微微一笑，诚恳地说："没关系的，李先生！我现在记录一下您现在的电话号码，这样也方便我们之后的联系。[◀◀积极的表达]"

客户顺势拿过工作人员手中的笔，在纸上写下新电话号码的同时还说道："你们回头打这个电话就可以了！"

工作人员还是诚恳地笑着，双手递过自己的名片，说道："好的，李先生，谢谢您！顺便跟您说一下，可能是因为前期我们未能及时更新您的手机号码，所以之前未能及时提醒您交费，到目前为止还有108元电费需要您结清

[◀◀积极的表达]，您可以通过网上国网App、微信、支付宝等方式进行交费。这是我的名片，您有什么事情可以打上面的电话跟我联系！"

客户接过名片后，说了一句："好的，谢谢！"随后关上了门。

💬 **策略总结**

（1）在服务沟通的任何环节都应尽量使用积极的表达，同时避免受到客户语言或情绪的影响。因为积极的语言能够引导沟通向积极的方向发展，反之则会产生消极效果，甚至最后导致服务沟通的失败或者引起客户投诉。

（2）面对有负面激动情绪客户所提出的问题，首先应先安抚客户的情绪，不应急于进行解释。通过积极的语言和行为让客户知道我们非常理解其现在的心情，此时的客户不太需要我们解释的理由，更希望得到观点的认同以及情绪的认可。因为，我们的任何解释在客户情绪激动的时候，都很容易被认为是在"找借口"，是在否定客户当时的观点及情绪。

3.1.3 第八式：里应外合——通过内部更顺畅的沟通扩大服务效能

为客户提供电力服务，不单纯是一个人的行为，尤其是在出现特殊的情况的时候更需要团队之间的配合，通过调动更多内部的资源来提升整体服务沟通的效能。

适用的业务场景：故障抢修、业扩报装、抢修第二梯队支援、转其他班组处理、电费结算流程等涉及多专业协同或者供指协调的场景。

> **案例片段**
>
> 姜先生在家正在用计算机工作，这时候家里停电了，同时他发现周围邻居家也没电，于是致电供电所进行报修，抢修人员很快就来到了现场。

姜先生:"刚才是你们接的电话吗,怎么态度那么不耐烦啊,我说我家这里没电,你们说'知道了知道了,已经有人报修了',然后我话都没说完就挂我电话。"姜先生语气有些不悦。

工作人员急忙解释:"今天抢修电话比较多,所以语气可能有点急躁。[◀◀间接袒护团队伙伴]希望您能够理解一下!"

姜先生听后激动地说:"多接几个电话就可以态度差了?"

工作人员:"是的是的,这确实是不应该的。"

姜先生随后说:"是什么原因停电啊,我在用台式机工作,一下子电脑就黑屏了!"

工作人员:"我们需要排查,目前还不知道,您可以先回家耐心等待,请问您有片区经理小王的微信群吗?"

姜先生:"有的,有情况会在上面说的对吧?我今天工作任务很紧急,资料又都在电脑里,麻烦你们尽快修好吧。"

于是姜先生回家了,过了半小时电还没来,姜先生有点着急,发现群上仅有一个人员已到达现场维修的旧消息,于是打算下楼亲自去咨询一下抢修人员的抢修进度。结果到楼下发现抢修人员不见了踪影,就连刚才停在路边的抢修车辆也开走了。

姜先生再次拨打了供电所的电话:"您好,我家这里都还没电,你们来抢修的人怎么就走了啊?"[◀◀没有做好与客户的沟通就离开现场]

工作人员解释道:"是这样的!可能存在某处电缆击穿,所以需要第二梯队人员过去处理,他们应该快到了。"[◀◀没有做好需要第二梯队的原因解释]

姜先生更加疑惑地问:"什么第二梯队,那前面那波人不会抢修只是来看看的吗?这不是浪费时间吗?"

工作人员只能耐心地向姜先生解释:"因为这次的停电原因比较复杂,需要增派其他技术人员进行处理,第一波的工作人员有其他抢修任务可能自行离开了,对之前未告知您表示抱歉。"

就这样，客户带着不满的情绪拨打了电话，投诉工作人员服务态度和抢修质量问题。

案例片段分析

1. 工作人员的哪句话是在批评或者袒护团队伙伴？类似这样的解释客户一般会认可吗？为什么？

这样的解释一般客户不会认可，主要的原因包括：① 在客户心里会认为，如果接受了这样的解释，也就证明我刚才说的话是无理取闹，面子上过不去；② 在客户已经有了生气的情绪时，一般的道理解释不会起多大的作用；③ 客户一般不会接受"假设性"的解释，如在本案例中的"……可能他工作有点忙……"；④ 通常情况下，在服务领域出现"出于好意，说了坏话"的情况非常少。

2. 在案例中，工作人员忽略掉了什么？

一是第一梯队工作人员忽略了客户对于复电的急迫心情，看似第一、第二梯队的衔接为内部流程，若第一梯队不离开现场，可以不主动告知客户涉及第二梯队的情况，但本案例中，第一梯队先行离开，则需要做好内部沟通协调，通过片区经理告知客户抢修的复杂性，需要更专业的人员前来处理，避免客户以为没有工作人员修好就离开的不良感知。

二是第二次客户致电供电所时，工作人员忽略了客户对于没人处理的不满，没有在第一时间解释需要第二梯队人员去的原因，而是在客户质疑后再作解释。

🔍 **策略解析**

里应外合，是指对内在遇到突发情况时需要增加团队成员间的密切配合与支援，对外要避免传递不必要的内部信息和对伙伴的批评或袒护，并合力做好客户服务。

💡 **关键技巧**

（1）通过明确的流程或约定将各个职能联动起来。针对可以预知的风险而导致的服务业务突增，如天气原因导致区域性停电时的现场抢修人员与客户之间沟通不及时等，应当提前制定沟通流程以保证与客户之间沟通链路的畅通。可以让留在供电所的伙伴负责现场抢修人员与客户之间的信息交互，并主动预防或安抚客户的着急情绪。

（2）不提供对于客户而言没有必要的信息，避免产生更多的解释。我们很容易站在专业的视角，用某些专业知识向客户进行解释，或者用一些根本就不需要客户参与的流程来寻求客户的理解。针对客户没有直接接触或感知的内部流程，如抢修第二梯队处理流程、电费清算等，可以不主动向客户解释细节，当客户主动询问时再作相应的解释。

在此需要注意的是：并不是这些内容不告诉客户，而是不主动告诉客户。因为主动告诉客户之后，就有可能让客户针对某一个环节或者专业知识产生疑问，若解释不当还会让客户产生更大的困惑，甚至引发冲突。

不主动告诉客户内容一般具有以下特点：

1）所涉及内容完全不需要客户参与，例如：抢修中关于第二梯队的解释，详见4.4.2的案例内容。

2）针对客户的用电体验不产生任何影响，例如：对于电费结算及清算的技术解释等。

（3）不在客户面前批评或袒护其他团队伙伴。当客户反馈其他团队伙伴出现问题时，在没有确认之前不要直接批评自己团队伙伴的错误或者立即向客户解释那么做的理由，主要原因如下：

1）直接批评团队伙伴，会显得工作流程存在问题且团队合作不紧密。善于投诉的客户还有可能会抓住我们批评团队伙伴的机会将投诉进一步升级。

2）立即袒护团队伙伴，客户会觉得我们不接受客户说的话或不认可客户的观点，而且也非常容易迁怒到我们的身上。

[✂] 策略应用

本策略案例应用请参考4.2.2相关内容。

针对不批评或袒护团队伙伴，本节开篇案例应用"里应外合"策略后：

工作人员记录着姜先生反馈中的重要细节，同时通过"嗯嗯""好的，我记下了！"等语言让姜先生感觉自己正在仔细地倾听，其间并没有作任何的解释[◀◀耐心倾听，不批评、不袒护团队伙伴]。

姜先生情绪有所缓和，问道："你说我是不是应该投诉他？"

工作人员借机说道："嗯！姜先生，我非常理解您的心情！请您先不要着急！刚才在您讲述整个事件的过程时，我也进行了一些记录，为了确保我记录的没有什么遗漏，我一一跟您说一下，请您帮我确认可以吗？[◀◀引导聚焦解决问题本身]"

就这样，工作人员成功地将姜先生的注意力转移到了确认每一个记录的细节上，提示会调查整个沟通过程并会给出回复。等姜先生的情绪平复之后，再继续和姜先生沟通抢修的问题。

[💬] 策略总结

（1）当涉及其他团队成员的服务沟通时，需要建立内部沟通闭环机制，确保团队中的每一位相关成员都完全了解事件的来龙去脉，并熟练掌握处理突发情况的应对技巧。

（2）根据客户的诉求，主动提供对解决其问题有帮助的信息即可。能够准确捕捉到客户的真实诉求是解决问题的关键，同时也不要因为一些信息而画蛇添足。

（3）当客户情绪激动并且描述团队成员在服务沟通中出现失误时，在确认整个真实沟通过程前应当做到不批评也不袒护。因为任何的直接批评或者急于袒护都有可能让客户情绪进一步升级。应当先通过沉稳的沟通平息客户的激动情绪，再引导客户对整个过程进行客观地描述。

3.2　化解技巧

3.2.1　第九式：寻求理解——运用三明治法则换取客户的理解和帮助

当客户着急自己无法解决的问题时，很希望得到我们的直接帮助或者给出一些有助于解决问题的建议。此时我们尽量不要通过一些规定与客户"讲道理"，客户更需要的是理解和积极的建议。

适用的业务场景：客户提出异议的所有场景。

案例片段

客户罗女士为自己家申请新装电表，但是由于邻里关系不和导致无法架设线路，于是到营业厅寻求供电所的帮助……

罗女士："你们说要从东边的赵家接一条线过来，但是赵家就是不让，我该怎么办呀？"

工作人员："罗女士，如果您的邻居拒绝电线从他家经过，我们也不能强行安装的呀！"

罗女士："那我该怎么办？总不能每天就点蜡烛过日子吧？"

工作人员："我没有说您要点蜡烛过日子，那个是人家的产权，是有权拒绝我们的，这个您也得理解！另外，我们也有规定，如果业主拒绝的情况下，我们也不能强行架设线路，请您也理解一下我们的难处！"

罗女士："我是理解人家，也理解你们，但是谁理解我呀？现在是我这里急着用电呢……"

🔍 案例片段分析

在本案例片段中，工作人员并没有表达出对客户急切心理的肯定和理解，也并没有主动帮助客户寻找其他的解决方案，只是希望获得客户的理解。这样客户会认为我们不愿意帮助客户解决问题，而是只能自己去解决。

🔍 策略解析

寻求理解主要是通过沟通消除客户的不满情绪，与客户建立相互信任的关系，从而让客户理解并接受我们的解决方案。此策略并不能确保一定会获得客户的理解，但是可以协助我们处理客户的异议，让客户感觉到我们在积极地为解决客户的问题而进行努力。

获得客户理解的最好方法是"交换"，而且我们应该是主动的一方。

如果使用索取或直接要求的方式让客户理解我们。例如，我们说出"希望您能够理解一下……"后，一般获得客户理解的成功率都不会太高，因为这句话具有以下含义：

（1）对客户理解的一种索取或者要求。当客户感觉到被要求的时候，一般都会下意识进行反抗，而且经常通过问句的方式来回复，例如："我为什么要理解你？""我理解你们，那你们理解我吗？"等。

（2）对客户之前的行为或者思维的一种否定。当客户感觉到自己之前的行为或者思维被否定的时候，一般会回复："你是说我刚才的说法不对是吗？""我这样想不对吗？"等。

💡 关键技巧

我们在解决客户异议的时候，可以尝试通过三明治法则来一步步获得客户的理解。

第一步：用心倾听，表达理解（下层面包片）。

使用倾听技巧（参考2.2.1相关内容）礼貌地给客户足够的时间让其把话说完，做到不抢话、不接话。尤其是面对比较难沟通且情绪激动的客户时，先不直接与客户产生任何的冲突、争执甚至讨论，而是尽量让客户把所有的话都说完。

友善地表达对客户想法的理解。可以通过使用类似"我理解您的意思……"这样的语言向客户表示我们的理解。并且，在说完之后，尽量不使用转折连词，如"但是"等（参考2.4.4 相关内容）来连接之后的话，因为转折连词会否定之前所说的话。

第二步：适度肯定客户的想法，给出合理且可行的解决方案、解答或者建议（中间薄肉饼）。

"适度肯定"是指对客户产生不合理想法的初衷进行肯定，而不是对想法本身是否合理进行肯定。

例如：针对预存电费问题，客户表示"我把钱预存到电表账户里面后，你们会像银行一样付给我利息吗？"

我们肯定客户想法的话术可以是："我理解您的意思！因为供电公司不是金融机构（也不是借用您预存的钱），目前没有办法以利息的方式返回给客户，为此，我们针对预存电费的客户也推出了一些减免的活动，如预存100减2元的活动，也就是您只需要支付98元就可以在账户中预存100元。"

将关注点转移到解决方案上，我们所提出的应当是最终解决客户问题的解决方案，而不是纠缠客户之前在情绪激动时所提出的要求。

我们还可以继续引导客户："您可以通过安装网上国网App或者关注国网福建电力微信公众号，随时了解推出的各项优惠活动！"

如果客户接受了我们的方案，那么就等于我们得到了客户的理解，客户最开始不合理的想法也自然被化解了。

如果仍然无法获得客户的理解，我们还可以参考3.3.2相关内容，让客户作出理性的选择。

继续关于预存电费利息的问题，我们可以这样说："因为您是智能交费客户，正好现在有这样的优惠活动供您参考，您在活动的有效期之内选择预付充值都是可以的！"

这样的说法主要是暗示客户活动存在有效期，早点使用能够获得更多的优惠。

第三步：表达进一步的服务意愿（上层面包片）。参考使用2.5.3相关内容，对客户致谢，表达进一步服务的态度和承诺。

通过以上三步的沟通，可以很大概率上帮助我们处理客户的异议。但是在实际服务沟通中，也会遇到无论怎样解释都不能理解我们的客户。无论客户的想法有多么地不切合实际，要求有多么地不合理，我们还是要表示出我们对客户的理解，应该做到：不否定客户的说法，应当以相信或认可客户说法为基本的沟通思路，因为我们对客户说法的否定对问题的顺利处理没有任何帮助。具体见表3-1。

例如，客户每个月的电费没有出现异常情况，但是客户觉得电费比以前多，怀疑电表出现了问题。

表3-1　沟通

否定客户说法	不否定客户说法
"我查询到您家每个月的电费基本都在200元左右，没有出现特别大的波动，应该不是电表出现了问题……"	"我查询到您家每个月的电费基本都在200元左右，没有出现特别大的波动，我想确认一下您是不是因为最近总收到电费扣款的信息，感觉是电费出现了异常？"

✂ 策略应用

请参考4.2.1相关内容。

💬 **策略总结**

（1）要使用"对客户的理解"来换取客户"对我们的理解"。在面对情绪激动的客户时，一定要以耐心倾听、安抚客户、向客户致歉等方式接受客户的"坏脾气"并给予客户足够的尊重，给客户足够发泄自己情绪的时间，不急于向客户进行解释。通过我们专业的沟通形象给客户进行"行为示范"，让客户的情绪慢慢地平静下来。

（2）不能索取或者要求客户理解，更不应该否定客户的说法或者批评客户的想法。

3.2.2　第十式：抽薪止沸——解决客户最关键的问题

客户的任何需求都有其最根本的原因，有时候客户并不能直接说出这些原因，而是需要我们在沟通中找出最核心的问题。

适用的业务场景：全业务场景。

案例片段

客户魏先生总觉得改为智能交费之后，家中的电费比原来多了，于是打电话给供电所询问原因……

魏先生："我家里没有增加电器，怎么感觉电费比以前多了呀，你帮着看看是怎么回事？"

工作人员根据魏先生提供的客户编号在系统中查询后，解释道："我看到您家几个月的电费都在110元左右，和您之前后付费的时候电费差不多。"

魏先生："不可能，肯定是你们的电表出现了问题！要不然我怎么天天收到催费短信。"

工作人员："魏先生，我这边没有看到您家电费出现电费突增的情况，您如果认为家里的电表有问题，我可以派师傅到您家中检测

一下电表。"

魏先生："那让你们的师傅赶紧过来吧！"

工作人员："好的！"

随后，技术人员上门检测了魏先生家的电表，也没有发现电表有任何问题。

🔍 案例片段分析

在本案例片段中，客户怀疑是由于家中的电表出现了问题，同时工作人员并没有根据所查询到客户用电历史信息对客户的"怀疑"进行进一步的排查，导致了没有必要的人力资源浪费。例如：是否由于经常接到电费余额的提醒信息，让客户误以为总是在扣费。

🔍 策略解析

所谓抽薪止沸，是指通过与客户的沟通，帮助客户解决最根本的问题或者打消最根本的顾虑，这样更能够让客户体验到服务的专业性。这样不仅能够治标兼顾治本，还能够避免由于客户的某些错误认识导致我们做无用功。

尤其针对一些看似无理的客户要求时，我们更应该思考客户为什么要提出这样的要求。

💡 关键技巧

多问几个为什么，是使用好抽薪止沸策略的关键。但是需要特别注意的是，我们不能通过直接问客户为什么来获得答案，而是通过引导技术一步一步地挖掘出客户需求的根本原因。

表3-2中列举出了一些常见问题的大概率根本原因。

表3-2 常见问题及原因

客户问题1	为什么我家停电了，你们怎么修得/到得那么慢？
根本原因	（1）客户在焦急等待的时候会感觉时间过得慢。 （2）没有给客户设定合理的心理预期
客户问题2	**为什么现在要先交预交电费？以前都不要啊**
根本原因	（1）客户忘记交费方式变更的事情。 （2）客户不习惯智能交费方式，更习惯先用电、后交费
客户问题3	**为什么我家里内部故障不给我维修？我给你们钱还不行吗？**
根本原因	未能有效地让客户理解电力设施产权责任归属相关事宜，如用电知识宣传、客户申请安装电表时的注意事项告知、工作相关方（如小区物业）的解释
客户问题4	**为什么账户有钱，还会提示自己欠费？**
根本原因	（1）提示信息的内容设计存在优化的空间。 （2）客户未仔细阅读提示信息内容，误认为欠费
客户问题5	**为什么微信应收的电费跟去网点交的电费不一致呢？**
根本原因	（1）未提前让客户理解微信显示（实时电费）与网点（整月电费）之间的计费周期差异。 （2）在线及网点计费系统存在优化的空间，即通过系统配置让每一个交费端的计费周期保持一致

通过表3-2不难看出，客户需求的根本原因具有以下特点：

（1）更多责任在我们一方。

（2）可以直接解决或者避免客户问题。

在上述基础上，还需要我们在平时工作的时候多对客户的各种问题进行归纳总结，形成针对常见问题根本原因的应对方案指引，可以参考表3-3示例。

表3-3　方案指引

专业场景	抢修	
问题	为什么我家停电了，你们怎么修得/到得那么慢？	
根本原因	应对方案/话术	
客户在焦急等待的时候会感觉时间过得慢	安抚客户焦急等待的情绪，在赶往现场时，参考如下话术主动向客户进行解释： "非常抱歉，×先生/女士，现在遇到突发性道路拥堵！请您多谅解！我们会在××:××左右到达抢修现场，到达现场后会第一时间与您电话联系，请您保持电话的畅通。"	
客户对报修后的抢修进展无法知情，只能干等着	告诉客户接下来需要客户做什么，故障处理过程中，参考如下话术向客户进行解释： "×先生/女士，我们还需要对您家电表的上一级设备进行相关排查，请您再耐心等待一下！等检测完成之后，我们会电话与您联系，确认您家中的来电情况，请您保持电话畅通。"	

✂ **策略应用**

使用抽薪止沸策略时，我们需要找到并攻克导致问题出现的最根本原因，而并不一定是客户所描述的表象需求。因此，就需要我们在剖析问题时用"5Why法"来找到最根本原因，而最后用"怎么办"进行结束。例如：客户表示改为智能交费后，感觉电费比以前多了。

问1：为什么客户觉得改为智能交费之后电费增加了？

答1：因为客户家里总收到欠费催交短信。

问2：为什么智能交费客户家里总收到欠费催交短信？

答2：因为客户办理智能交费时设置的预警值、代扣值与每月用电量不匹配。

问3：为什么客户设置的预警值、代扣值不合理？

答3：因为在客户改为智能交费时，工作人员没有按照客户实际用电量引导客户进行设置。

以上是最简单的根本原因分析过程。当然，在进行实际的根本原因分析时，可能一个"为什么"的答案会有多个，从而产生多个分支。这时需要我们对每一个答案进行继续追问。

其他应用案例请参考4.2.3引导策略中的相关内容。

💬 **策略总结**

抽薪止沸的核心是：找到症结直接解决问题。通过解决导致问题的最根本原因来解决客户的问题或者让客户接受我们的合理建议。

3.2.3 第十一式：以退为进——先接受客户需求再引导客户决策

当客户向我们提出服务请求时，如果在我们的业务受理能力范围之内，即便客户的想法不理智也应当先向客户表示可以受理，之后再向客户慢慢解释，逐步引导客户作出理智的决定。否则，客户会认为我们不愿意帮助客户或者故意刁难，无法实际帮助客户作出最佳选择的同时，还会给客户留下推诿的印象。

适用的业务场景：客户要求取消智能交费等。

案例片段

客户石先生由于上年纪不太会使用智能手机，因此家中经常出现停电的情况。于是来到营业厅，想改回到原来的后付费模式……

石先生："你把我家电表还是改成后付费吧！"

工作人员："现在大家都用预付的智能交费，我看您家才用了没几个月，怎么要改回去呢？"

石先生："这个不好用，弄不好就停电！你们这能给我改回到原来的那样吗？"

工作人员并没有正面回答，而是说："您现在用智能交费哪出现了问题？之后……"

　　没等工作人员把话说完，石先生就抢话道："我就是用着不习惯，改回到原来我先用电然后交电费就行了！"

　　工作人员："我就是先了解一下您为什么要改回去……"

　　石先生："你的意思就是改不回去了是吗？"

　　工作人员："我没说不能改回去，我就是想了解一下原因。"

　　石先生："了解什么原因？你这能改的话，给我改回去就好了。我不习惯！你还要了解什么原因？"

　　工作人员："您说不习惯，我也要了解什么地方您不习惯呀！"

　　石先生此时已经生气了，怒气冲冲地说："你要是能改，现在就给我改回去！如果不能改，找你领导过来！"

　　工作人员此时也很无奈，只能闭口不说话，然后帮助石先生恢复了后付费业务。

案例片段分析

　　工作人员原本是想了解客户在使用智能交费时出现了什么困难，但是由于在沟通时的策略问题，让石先生误认为工作人员不愿意帮助他改回到原来的后付费模式，因此导致了服务冲突。

　　在任何的服务过程中，都应当避免让客户误会，先要向客户表达我们能够帮到他，然后再慢慢地引导客户作出更好的选择。

策略解析

　　以退为进策略，是可以先以"退"的方式接受客户服务请求，再通过引导"进"一步让客户放弃原来的想法，最终选择对双方都有利的用电方案。本策略中"退"与"进"的释义如下：

（1）所谓的"退"，是指如果客户的需求在我们的流程范围之内，但不符公司业务发展方针时，先不拒绝客户的请求。例如：客户取消智能交费，我们应当让客户感受到我们愿意帮助取消智能交费，以此避免客户由于遇到直接拒绝而从心理上产生对立感。

（2）所谓的"进"，是指通过对比的方式让客户切实理解自己的想法并不是明智之举。例如：向客户说明取消智能交费后可能会造成的不便，如取消后由于租户欠费无法及时停电可能给房东造成损失、无法查询日电量、无法实时了解电量电费情况等，以此让客户放弃最开始的想法。

💡 关键技巧

以退为进策略在实际操作中，基本分为以下四个步骤。

第一步："接受"客户的服务请求。此时不对客户的要求或决定作出任何评价或建议，防止由于急迫的解释或建议，让客户产生被拒绝感。

第二步：了解客户原因。通过聊天式的询问，简单了解客户需求的真正原因。

第三步：暴露客户可能遇到的问题或挑战。根据客户的实际情况，将在满足当前需求之后可能会出现的对客户不利的用电问题告知客户。例如：操作繁琐、风险概率增加、利益损失概率增加等。

第四步：提出合理建议。在客户了解到未来可能遇到的风险之后，给出合理的建议，且应当在建议中尽量强调可以解决（第二步中）客户最初的原因以及规避（第三步中）未来的风险或挑战。

✂ 策略应用

针对客户取消智能交费的诉求，本节开篇案例应用"以退为进"策略后：

石先生："你把我家电表还是改成后付费吧！"

工作人员："先生，发生什么事情了，麻烦您跟我详细说一说，我来帮助您解决。"［◀◀及时表达自己愿意帮助客户解决问题，提问探寻获取客户信息］

石先生："自从改成智能交费后，我一个月交了三次电费，交完没几天又短信提醒我要交费，没有及时交费就被停电了。"

工作人员耐心询问和查询系统，初步了解客户更改为智能交费后遇到的问题，沟通到："非常抱歉，给您造成了不便。"[◀◀致歉，安抚客户情绪]

工作人员："我刚才了解到您家经常停电的原因，主要是前期我们没有跟您解释清楚智能交费业务的规则，为避免之后出现停电问题，建议您办理银行预收代扣业务，您只要保证代扣的账户里有足够余额就行了。"

石先生情绪有所缓和："那如何办理？"[◀◀引导客户解决问题]

工作人员："石先生，您不用担心！我现在就教您操作，很快就能办好。"

就这样，工作人员成功地引导石先生表述智能交费应用过程中遇到的问题，并对其适时安抚，引导客户将注意力集中在解决相关问题上。

💬 **策略总结**

以退为进的核心，就是在面对比较难沟通且情绪激动的客户时先不直接与客户发生任何的冲突、争执甚至讨论，而是尽量让客户把所有的话都说完，了解到整体背后的细节以及原因之后，再引导或说服客户作出合理的选择。

在使用以退为进策略时，特别需要注意的是"倾听"。积极且礼貌地听客户说话以及从客户的言语中找到之后说服客户的关键点，是以退为进策略的关键。因为这样可以在让客户体验到被尊重的同时，还能让客户提供给我们最终说服客户自己的理由。

3.2.4　第十二式：刚柔并济——用"柔"性的说法表达"刚"性的要求

由于国家或者公司的一些硬性规定客户无法理解或者不愿意接受，因此需要特别的注意的是：从道理上客户无法反驳，但是客户心理并不愿意接受，从而很有可能会把心中的不满转移或发泄到工作人员身上。

适用的业务场景：业扩报装手续、青苗赔偿、设备位置等。

客户华先生看到路边的电杆影响了出行，向供电所反映事情的缘由并要求将电杆移走之后，现场工作人员赶赴现场进行勘查，并与华先生进行沟通……

工作人员："华先生，我刚才看了一下您说的这个电杆，是符合电力设施建设要求的。"

华先生："你的意思是不能给移走是吗？"

工作人员："如果您强烈要求的话，肯定是能给您移走！就是我们需要重新规划线路走廊，另外根据规定，期间产生的施工费用需要您来承担！"

华先生听后有些疑惑和生气："啊？怎么还要让我出钱呢？"

工作人员："这是公司的规定，因为现在的电杆的位置符合要求，是您强烈要求移走，所以根据规定需要您来承担施工的费用。"

华先生："你少拿什么规定来跟我讲！你们就是不愿意挪走或者就是想赚我的钱，我要投诉你们！"

工作人员："华先生，您话可不能这么说，投诉是您的权力，我的确是按照公司的规定做事！您如果不相信的话，我可以拿规定给您看一下您就知道了！"

华先生："你不用跟我说这些！你们供电所就等着我打电话投诉吧，我会一直投诉！"

案例片段分析

该案例片段中的工作人员在与客户沟通时，一再强调公司的规定，这样会让客户有一种"被制约"的感觉。另外，工作人员说的

"投诉是您的权力！"这句话很容易让客户感觉无路可退，很大程度地加大了客户投诉的可能性。

另外，"您如果不相信的话，我可以拿规定给您看一下您就知道了！"这句话在继续强调规定的同时，又在挑战与客户之间的信任，最终导致客户消极地终止了沟通。

策略解析

刚柔并济主要是当应对客户的需求不符合相关法律法规、政策或者公司规定等情况时，向客户进行合理解释的一种策略。众所周知，我们在提供电力服务时会受限于各种法律法规以及公司规定，而大部分客户都会对"规定"有所抵触，这就对整个沟通过程提出了更高的要求。

关键技巧

（1）所谓的"柔"，是指：主要用沟通中的表达技巧来寻求客户的主动认可，请参考2.4相关内容。

（2）所谓的"刚"，是指：善用一些国家政策来说服客户，让客户理解并不是我们"故意刁难"，从而让客户被动接受。需要特别注意的是，应当尽量避免在沟通中直接引用"法律法规"中的相关内容，这样非常容易直接引起客户的反感。

任何法律法规及政策的制定都有其特定的原因和意义，并不是凭空或单纯为了限制任何一方。因此，采用本策略与客户进行沟通时需要注意以下两点。

1）切实理解制定相关法律法规、政策及公司规定的原因，且利用对客户利好的一面向客户进行解释。例如：在向客户解释500米范围内无合适电源点，需新增公变供电导致接电时间较长的问题时，应该向客户解释"为了保证您家中用电时的电压稳定……"或者"为了避免出现低电压的情况出现，保证电器正常使用……",而不是生硬地说"根据规定,变压器到您家的距离不能超过500米……"。

2)表达意思中应当让客户体会到我们积极遵守相关法律法规、政策及公司规定,而不是我们迫不得已要执行。例如:我们不能对客户说"由于政策要求,我们也没有办法……",这样客户会感觉我们对政策不认可;而是要通过类似"公司响应政策的要求,也在积极地……"的话术让客户认为我们在积极地为实现政策目标而努力。

✂ 策略应用

本节开篇案例应用"刚柔并济"策略后:

工作人员:"华先生,我现在先测量一下这个电杆的距离,你在现场也可以看到我们测量的情况。"

华先生:"好的。"

随后工作人员开始测量,测量完成后工作人员当华先生面记录数据,并对华先生说:"华先生,您好!我想了解一下,您要求移除这根电杆,主要的顾虑是什么呢?"[◀◀提问探寻客户真实需求]

马先生回复说:"就是感觉这个位置看着不是很舒服,而且离家近了也会有辐射吧。"

工作人员:"咱们供电所在进行电网建设的时候,对于电杆、变压器等设备的安全距离都有非常严格的规定,我们也是积极响应政策的要求,按照《电力设施保护条例》的条例进行建设的[◀◀表达积极响应政策要求],这些距离的规定除了考虑到电力安全,也考虑大家所顾虑的健康问题[◀◀站在客户关心的角度向客户解释],这点请您放心!"

华先生:"就算距离符合要求,我也不能申请迁移吗?"

工作人员:"华先生,迁移是可以的,但是需要与村委重新协调新的线路走廊,并且由于电杆架设符合《电力设施保护条例》设定的要求,所以移杆产生的费用需要您来承担,不知道您是否可以接受?[◀◀柔性表达刚性规定]"

华先生心想，自己需要出钱又还要找村委协商，其实电杆只是看着感觉不顺眼而已，仔细想想实际上也未影响出行，于是打消了移杆的念头。

💬 **策略总结**

利用服务沟通中的软技巧将法律法规等相关"刚"性规定以"柔"且利好的方式传达给客户，让客户可以理解我们所给出建议的背后原因。

3.3　引导技巧

善于运用引导策略更能够让我们在服务沟通中占据主动权，不仅可以帮助我们引导客户的思路，进而解决问题，还可以从心理上让客户更加理解并接受我们的建议。

3.3.1　第十三式：心照不宣——面对不合规需求，心知肚明避免尴尬

有时候在服务沟通过程中，无论是客户还是相关方，即便心中有一些自己的想法，但出于"面子"方面的考虑，因而不愿意直接表达出来。此时，如果我们直接揭露其真实的"小心思"，则会对整个服务过程产生不利的影响。

适用的业务场景：青苗赔偿、充电桩报装等可能存在客户需求超合理范围的场景。

案例片段

客户李女士有计划下周在自家田地的旁边再偷偷地开垦出一小块地用于耕种一些农作物。但当李女士正式对该块土地进行开垦时，发现新立了一根供电公司的电线杆，于是到当地的供电所营业厅进行"理论"，要求移除电线杆或者给出相应的赔偿……

李女士："你们现在安装的那根电杆的位置正好在我计划开垦的土地上，之后我要在那里种东西，你们这么做影响了我正常耕种，要么你们把电杆挪走，要么你们得赔偿我未来的经济损失！"

"李女士，请您稍等！我核实一下。"工作人员在与李女士确认了电杆的位置后，经与村委沟通了解后，很快便回复道："李女士，抱歉让您久等了！我咨询到的结果是，那块地不是您的……[◀◀揭露事实，造成客户尴尬]"

李女士听后非常生气地说："你说这话是什么意思？这块地不是我的难道是你的吗？"

工作人员急忙解释道："李女士，我没有说那块地是我的，我是说我们在安装电杆的时候和村里确认过，安装电杆的位置是属于村里面的公共用地，使用权不属于任何个人的。[◀◀强调信息，继续让客户尴尬]"

"那块地一直空在那，我在其他地方种东西也没人管，我在这不能种吗？"李女士更加生气而且开始显得有些无理取闹，继续说道："那块地是我要种东西的，你们给我这么一破坏，你告诉我之后怎么种东西？"

工作人员面对这样的客户无奈地说："李女士，安装电杆的位置是您的合法用地吗？[◀◀质疑客户，强化客户尴尬]我们这里有和村里的正式协议，在协议中对于每一根电杆的位置都有描述，我们安装电杆是符合规定的！我们……"

"你不要跟我讲你们什么规定，难道什么都要按照你们的规定吗？你不觉得你们这样很霸道吗？"

此后，李女士就用类似歇斯底里的语气与工作人员进行着无理的争论。

🔍 案例片段分析

1.本案例中的工作人员是否做到了本策略中所提及的"不评判或猜测真实情况"？

没有做到！

"那块地不是您的"以及"安装电杆的位置是属于村里面的公共用地，使用权不属于任何个人的。"都是对真实情况的评判。

"李女士，安装电杆的位置是您的合法用地吗？"是对真实情况的间接猜测。

2.工作人员的业务操作上没有严重的错误，但是客户为什么会出现非常生气的情况？

错误表达	存在问题
"我查询到的结果是，那块地不是您的……""我们在安装电杆的时候和村里确认过，安装电杆的位置是属于村里面的公共用地，使用权不属于任何个人的。"	间接拒绝了客户诉求的同时还暗示客户"私自在该土地上种植作物是不合规的"
"我们这里有和村里的正式协议，在协议中对于每一根电杆的位置都有描述，我们安装电杆是符合规定的！"	强调供电所在此次事件中不存在过错，如果有错也是客户或者村里

综上所述，虽然客户的要求无理，但是客户也会感觉到被拒绝、被指责，并没有体现出我们要主动帮助客户解决的态度。不仅不利于随后的沟通，还很容易在客户情绪不稳定的情况下，将问题转移到工作人员。

🔍 策略解析

心照不宣其实就是一种看破而不说破的做法，当面对客户的一些无理要求时，仅对如何帮助达成目的提出建议，并不对客户的实际情况或想法进行评判或猜测。此类事件一般具有以下的特点。

（1）涉及法律层面不合规，仍坚持其诉求。例如：客户的房子属于违章建筑，但是仍然坚持要安装电表。

（2）客户的需求超出了其自身的权利范围。例如：要求超出合理范围的青苗赔偿。

💡 关键技巧

面对此类问题时，为了尽可能不让客户的负面情绪升级，我们应当通过告诉客户可以满足客户诉求的必要条件，让客户自己明白自己的要求是无理由的。

这样我们就应该做到：不评判或猜测真实情况。例如，询问客户："您家的房子不是违章建筑吧？"，或者回复客户"您家的房子如果不是违章建筑就应该有产权证明的呀！"这样做不仅对案件没有直接的帮助，还很容易让客户产生反感。我们只需要按照正规的操作流程进行必要的确认即可。例如：仅确认客户是否可以提供合法的产权证明，而不谈及客户的房子是否是违章建筑。

✂ 策略应用

本节开篇案例应用"心照不宣"策略后：

李女士："你们现在安装的那根电杆的位置正好在我计划开垦的土地上，之后我要在那里种东西，你们这么做影响了我正常耕种，要么你们把电杆挪走，要么你们得赔偿我未来的经济损失！"

工作人员在与李女士确认了电杆的位置后说，"李女士，请您稍等！我核实一下这根电杆的情况马上向您回电。"

经核实后，向客户回电时略带歉意道："李女士，抱歉让您久等了！我们查阅了关于这根电杆的资料，有村委同意的证明，请问村委是否有和您沟通过这个事情？我可以先把您要移除电杆或者获得赔偿需求记录下来，再向村委核实一下。[◀◀明知客户存在问题但不直接道破]"

李女士急忙抢话道："你们要核实什么，直接移走或者给我赔偿不就行了吗？"

"请您放心，李女士！我们在和村委会确认整个事情的真实情况之后，也肯定会给您一个回复！请问您当时和村委会申请使用土地时的具体情况您方便告诉我一下吗?[◀◀引导客户主动发现自身问题]"工作人员安抚李女士道。

"呃~！"李女士有些犹豫："怎么还要和村委会怎么确认？"

"李女士，是这样的！我们为了能够帮到您，移除电杆或者是获得赔偿，我们需要跟村委会再次确认这块地的情况。因此也给您带来了一些麻烦，希望您能先理解我们！"工作人员真诚地回复道，并且又提出了一个建议，"之后咱们供电所这边跟村委会进行沟通的时候，请问您的时间方便吗？"

李女士立刻回答："我可没时间！"

工作人员大概明白了是什么意思，于是又提出了一个建议："好的，李女士！之后供电所这边先和村委会那边进行沟通，如果需要您的帮助，到时候我们再给您打电话可以吗？"

"嗯~！"李女士想了想，无奈地说："那行吧！"

"好的，李女士！"随后工作人员确认没有其他问题之后便和李女士道了别，李女士随后也离开了营业厅。

策略总结

以积极的心态思考客户的需求，即便客户的想法不合情理，也不要捅破那层"窗户纸"，给客户留面子和时间让其自己理解。

我们可以根据某些正式的信息来判断实际情况，但是也不能排除我们或者其他相关方存在疏忽或失误的可能性。为了避免由于经验上的武断，与客户发生正面冲突，导致更大的服务过失，我们应该保持积极假设，至少要让客户感觉我们对客户的意图不存在任何的怀疑。

3.3.2 第十四式：主动出击——面对为难需求，掌握主动权

由于理解上的不同，很多客户的需求会让工作人员很为难，此时的工作人员不应该只是一味地迎合，而是更应该主动把客户带入到事件当中，否则最后不仅得不到客户的认可，还有可能出现承诺无法兑现的情况。

适用的业务场景：移表改线等业务变更，报装材料不符合条件仍要求报装、涉及路径协调仍要求尽快送电等。

案例片段

客户刘女士到营业厅办理业务，要求把从自家房屋墙壁上已经安装多年的电线移除。营业厅工作人员按照标准的工作流程确认了客户的所有信息都没有问题之后……

工作人员："刘女士，请问是什么原因让您想把电线给移走呢？"

刘女士："我就是看着别扭！"

工作人员："好的！我现在已经记录下了您的需求，之后会有现场的工作人员到您家里勘查情况。工作人员去之前会电话跟您联系勘查的时间，请您保持手机畅通！"

刘女士："嗯！到时候给我打电话就行，我一直都在家！"

随后，刘女士又办理了一些其他的业务后便离开了供电所。

🔍 案例片段分析

1. 在本案例中，"要求把电线移走"是否是客户的刚性需求？

不是。客户只是因为线路影响其房屋的美观（同样适用于电杆影响风水）。

2.我们可以尝试怎样沟通来尽量打消刘女士移除电线的想法呢?

　　首先,不能让客户感觉到我们不愿意受理客户需求。本例中,在没有现场勘查确认实际情况前不能拒绝客户移除电线的需求。

　　其次,找到根本原因。客户刘女士仅表示"看着别扭",并未从技术、安全等角度提出其必要性,也就是移除电线不是客户必要的。

　　最后,主动告诉客户接下来会发生的所有与相关方相关的事情,并让客户意识到解决该诉求可能面临的困难,让客户主动放弃移除电线的想法。

策略解析

　　主动出击策略,是当遇到客户提出过分要求或者客户的想法并不是最佳解决办法的时候,借助主动明示或者暗示客户未来可能会存在的问题或风险,让客户知难而退或选择我们推荐的其他方案,或者让客户愿意共同参与问题解决并降低对结果的预期。

关键技巧

　　(1)主动明示或者暗示客户未来可能会存在的问题或风险。

　　(2)展示为了更好地实现客户需求,我们需要客户配合。

　　(3)展示我们愿意积极配合客户共同推进的态度和行动计划。

　　使用此策略需要特别注意以下事项:

　　(1)不应过早提出问题或风险。因为过早提出很容易让客户认为我们在故意刁难,一旦客户有这样的想法,不仅不利于之后的沟通,还会让客户更加坚持自己的想法。

　　(2)不能过于集中地提出问题或风险。一次提出多个问题或者风险,在容易让客户反感的同时,还会让客户产生烦躁的情绪,做出不理智的行为或者决定。

（3）要表示我们会参与帮助客户解决问题或风险。如果仅仅是让客户自己去解决问题或者规避风险，客户很容易认为我们是在推诿。可以向客户表示我们也会参与到问题的解决中，展示出我们主动服务的积极意愿。其实，这样做的真正目的是通过这样的表达方式，让"客户真正地参与进来"，并让客户切实感受到需要面对的问题或风险。

✂ 策略应用

本节开篇案例应用"主动出击"策略后：

工作人员："刘女士，请问是什么原因让您想把电线给移走呢？"

刘女士："我就是看着别扭！"

工作人员："好的！我现在已经记录下了您的需求，之后会有一些事情可能需要您的帮助！[◀◀提示客户需参与协助]"

刘女士："帮助你们什么？"

工作人员："是这样的，刘女士！之后我们的现场工作人员会到您家里查看具体的线路情况。因为调整线路需要将线路安装在其他邻居的墙上，可能会涉及与您邻居的协调，否则将影响大家的用电，请问您方便提前跟您的邻居说一声之后要把线路换到其他位置吗？[◀◀提示客户将面临的问题和风险]"

刘女士听后非常生气地说："为什么要我说，这不是你们供电所的事情吗？"

工作人员回答道："因为线路协调也需要您邻居的同意，他们可能也会想要了解线路迁移的原因，到时候我们跟您的邻居沟通线路转移的事情时，到时候您是否可以帮助我们在现场一起解释？"

刘女士说道："为什么让我解释？我能说什么，我能说因为我看不顺眼才要求把电线移走的？"

工作人员此时的笑容又加深了一些，说道："是的，刘女士！其实咱们供电所也顾虑如何跟您的邻居解释，因为移除也需要经过他们的同意才能够成功执行。所以才想着让您帮个忙，如果客户到时候真的要知道具体的原因，咱们的现场工作人员也只能如实地告诉您的邻居。"

刘女士此时非常不高兴，脸上也露出了一些愁色。于是说："那你们到时候先看看有没有合适的位置迁移，如果确实不好协调的话那就先算了"。

💬　**策略总结**

主动出击的核心是：在向客户表达愿意积极帮助客户满足其需求的同时，适当提出一些需客户参与解决的困难，从而说服客户放弃之前的想法，或者参与其中并降低预期。

主动出击策略并不是针对所有客户需求的，而是当遇到客户提出无理要求或者我们有更优的解决方案时才考虑使用的策略。

在使用本策略时，需要注意控制沟通的节奏，不能急于让客户放弃最初的想法，而是要逐步把客户带入到实际的场景当中，并通过一些假设但又符合常理的困难、挑战或者会对客户产生一些不好影响的因素，让客户最终接受我们的建议。

3.3.3　第十五式：为你独尊——通过制造尊贵感引导客户选择有利方案

基本上所有人都有被关注和被尊贵对待的需求，在服务的过程中需要给客户一定的尊贵感觉。

适用的业务场景：业扩报装、智能交费等营销业务推广。

案例片段

客户史先生准备新开一个小型木材加工厂，申请用电。根据现场的勘查，距离近的变压器上已经没有可以使用的容量资源……

史先生非常着急地问："你们多久能把电表装好？"

现场工作人员："我刚才看，离您较近的变压器已经没有多余的容量了[◀◀负面表达供电资源不足]。我们只能找其他的办法，讨论之后，需要装一台新的变压器，这个过程大概需要多花3周的时间！"

"那能不能快一点呀？我还想赶紧开工生产呢！"史先生又问。

现场工作人员有些无奈地回答："我们会尽快的，另外一台比较远的变压器上倒是可以接电，时间上会快几天，但是距离太远，接过来之后可能会出现低电压的情况，会影响您的生产。如果装一台新的变压器，这个过程是需要花时间的！"

"那你们说怎么办？"史先生生气地说……

🔍 案例片段分析

1.现场工作人员的哪个表述有可能让客户感觉不好？为什么？

"已经没有多余的容量"这样的表述有可能会让客户感觉不好。

因为，此表述中的"多余"一词有一种"不重要""不是主要"的感觉。"如果装一台新的变压器，这个过程是需要花时间的！"这样的表达有可能会让客户感觉是"给供电公司添了麻烦"。

2.应该如何表述会让客户感觉起来更舒服一些呢？

参考：2.4.4相关内容，可以把否定的表达改为肯定的表达，详见策略应用。

如果某些方案对客户不利，或者存在后续的风险，则应当先跟客户进行沟通。引导客户否定了该方案之后，对于我们推荐的方案，客户会更容易接受。

🔍 策略解析

此技巧是一种主要用于营销推广及客户安抚的策略。主要是通过引导客户产生自我优越感来化解某些矛盾，或者引导客户接受我们所给出的解决方案。这种自我优越感，会让客户认为自己的付出有价值，也就更愿意付出。尤其是在客户主动提出实际问题时，也可以借助客户所遇到的问题向客户推荐我们更加优质、便捷以及智能的服务。

💡 关键技巧

为你独尊策略并不是以推销的形态出现在服务沟通中，而是把方案提供给客户，在对比的情况下让客户作出我们希望的选择。在使用此策略时，通过一些语言暗示让客户认为自己的地位比别的客户高或者特殊，而不应该让客户感觉到刻意的吹捧。刻意的吹捧，是指用非常直白且有些过分的语言夸赞或追捧客户，或者不合逻辑的恭维。一些不符合逻辑的恭维的话，也不推荐使用。大多数客户的内心更喜欢是"自己"做出的"最佳选择"而不是我们帮助客户做的决定。

✂ 策略应用

本节开篇案例应用"为你独尊"策略后：

史先生不耐烦地问："你们为什么需要那么久才能把电表装好？"

现场工作人员："史先生，请您不要着急！目前我们也在多次地测量距离，虽然现有变压器上有可用的容量[◀◀将"没有多余的负荷"这种否定的表述改为积极的语言]，但是距离您的工厂较远，您这是新开的工厂，后续订单肯定很多，用电量会增加，到时可能会因为低电压影响您的正常生产。"现场工作人员的微笑中略带有一些为难。

"那怎么办呀？总不能不让我用电吧，而且我现在还有很多订单要生产，正常生产得保证啊！"史先生有些着急了。

"我非常理解您的心情！我们先为您接入现有的变压器，让您用上电，同时安排装一台新的变压器满足您的生产使用[◀◀引导客户产生优越感]，在这个过程中

我们会尽可能加快施工的速度，也需要您的一些帮助。"[◀◀积极寻求客户帮助及理解的语言，让客户更容易接受]

史先生问："什么帮助？只要能快点让我用上电就行！"

此时，现场工作人员递上一个线路草图，并解释在线路施工过程中需要史先生帮忙协调路径上的邻居允许电力施工。

💬 **策略总结**

（1）让客户心中产生一定的自我优越感，让客户感觉是自己选择了最优的解决方案。主要是在沟通中适当强调一下我们为了客户而专门做的事情，让客户心中产生一种被特别尊重的感觉。

（2）如果有多个方案可供客户选择时，尽量把我们希望客户"不选择"的方案先提供给客户，并引导客户将该方案否定。这样做可以让客户更加容易接受后面的解决方案。

（3）在遇到客户有抱怨或者投诉的时候，除了要及时安抚客户的情绪之外，还可以借助客户不好的体验，进而推荐更智能更便捷的服务。

3.3.4 第十六式：借势用力——利用羊群效应引导营销推广

出于某种原因，客户有时并不一定会立刻相信我们所给出的建议，甚至会认为我们给出的建议是出于某种不好的目的。所以，在必要的时候，我们需要借助第三方的观点来帮助我们说服客户，否则客户不太容易接纳或者快速地接纳我们的观点。

适用的业务场景：智能交费、网上国网推广等营销推广类场景。

> **案例片段**
>
> 在供电所营业厅内，有些上年纪的客户齐女士正在柜台前交电费……

齐女士："你帮我查一下我上个月的电费是多少，我交一下电费。"

经过系统查询之后，工作人员说道："齐女士，您家的电费一共是211.92元，请问您使用什么方式交费呢？"

"现金吧！"齐女士回答。

工作人员听后提议到："我们现在新推出了网上国网App线上交费功能，不仅方便而且经常有优惠活动，请问您需要体验一下吗？"

齐女士有些犹豫，但还是说："不用了，我习惯来你们这交费，新鲜的东西我弄不明白！"

工作人员听后解释道："齐女士，其实一点也不麻烦，只要下载个App注册，我帮您绑定一下您家的户号就可以。之后您就不用每次都到营业厅来交费，非常方便！"

齐女士听后，还是坚持地拒绝："不用，我不习惯！"

工作人员听后也就没再继续追问，就帮齐女士办理了交费业务。

🔍 案例片段分析

1.工作人员向客户推荐网上国网App交费功能时，客户拒绝尝试，真的只是因为客户习惯了到营业厅交电费吗？为什么？

不一定，因为客户在回复工作人员的时候有一些犹豫，更大的可能性是客户并没有第一时间建立对新业务的信任。

2.怎样能够让客户更容易接受推荐使用在线自动交费的建议？

可以尝试借助其他有类似特征（画像）客户的反馈来影响。例如："有很多像您这样到营业厅交电费的客户，现在都选择App线上交费，也都慢慢地习惯了这样的线上服务……"

🔍 策略解析

借势用力主要是利用大多数人的"猎奇"和"跟风"心理,借助其他人的评价或者行为来达到让客户接受建议的目的。

💡 关键技巧

本策略在营销领域可以理解为"营造热销气氛",其主要目的就是借助"热销气氛"让客户更加愿意体验我们新的服务。

✂ 策略应用

本节开篇案例应用"借势用力"策略后:

齐女士:"你帮我查一下上个月的电费是多少,我交一下电费。"

经过系统查询之后,工作人员告知齐女士需要交纳的电费金额,并且询问用什么支付方式。

"现金吧!"齐女士回答。

工作人员听后说:"齐女士,目前有很多像您这样到营业厅交电费的客户已经陆续在体验网上国网App线上交费服务,总体反映都还不错! [◀◀借助羊群效应] 请问您是否考虑也尝试一下?这样您就不用跑来营业厅,在家里就能直接交费了,而且我们不定期会推出优惠活动,您还可以在App上随时查看您家每天和每月的用电情况。"

"那我也试一下吧!"齐女士决定后说道。

"好的,齐女士!我现在告诉您如何操作……"随后便帮助齐女士完成了所有的手机操作。

💬 策略总结

可以借助其他客户的行为来辅助客户认可并接纳我们所提出的建议。

有时候其他客户反馈的一句话,比起我们向客户介绍十句话还要管用,因此当我们向客户提出建议时,可以借助其他客户的行为进行适度地"造势", 让客户更加相信我们给出的建议是为客户着想。

在此需要特别注意的是, 我们营造的"热销气氛"必须基本符合实际情况, 避免出现过度宣传的情况。

供电服务沟通
16式

第二篇
应用案例篇

- 第 4 章　实战典型案例

第4章

实战典型案例

4.1 通用技巧案例

在实际的服务沟通中，任何的沟通细节都有可能会影响客户的直接感受。这里以"客户申请新装电表"为例，展示客户服务专业沟通。

渠道：现场面对面	
事件：客户闵女士申请安装电表	
客户：闵女士	
服务人员：宋光明	
案例过程	**技巧解析**
宋光明：早上好，我叫宋光明，很高兴为您服务，请问您办理什么业务？	☑ 向客户问好并使用礼貌用语。
闵女士：你好，我家新盖了一所房子，需要你们给我装一块电表。	
宋光明：好的，请问我怎么称呼您？	
闵女士：我姓闵！	
宋光明：闵女士，您好！这里还有一份告知单，里面我已经把非常重要的部分用笔给您圈出来了，包括……如有没有问题的话，需要您在最后签个字，笔在您的右手边！	☑ 向客户说明注意事项。
闵女士：好的！谢谢！	

案例过程	技巧解析
宋光明：不客气，闵女士！这是我们应该做的。 客户在填写表格时…… 闵女士：我看到告知书上说需要产权证明文件，但是我现在没有啊！ 宋光明：闵女士，您是现在没有带，还是您家的产权证明没有下来？ 闵女士：有，但是我现在没带着。 宋光明：嗯，闵女士，您现在没带没有关系！为了您的用电安全，之后我们的工作人员到您家勘查实地情况的时候，请您务必准备好您家的房屋产权相关证明！ 闵女士：好的，那我回去准备出来。 宋光明：我这边已经完成了您家新装电表的申请，之后我们的现场工作人员会电话跟您联系，您之后保持一下手机的畅通！ 闵女士：好的！这样就可以了吗？ 宋光明：是的，闵女士！请问还有其他我可以帮助您的吗？ 闵女士：对了，我能顺便给另一个账户交一下电费吗？ 宋光明：可以的！请问您要交电费的客户编号是多少，您记得吗？ 闵女士：我拍了照片，给你！ 宋光明：好的，请您稍等！	☑ 做其他事情前先告知客户。 ✓ 向客户强调关键信息。 ✓ 向客户确认是否有未尽事宜

渠道：外呼电话
事件：与客户确认现场勘查时间
客户：闵女士
服务人员：宋光明

案例过程	技巧解析
电话接通后…… 闵女士：喂！ 宋光明：您好，请问是闵女士吗？ 闵女士：我是，你是谁？ 宋光明：闵女士，您好，我是供电公司的工作人员，我叫宋光明，工号1581。请问您现在时间方便吗？	✓ 确认客户称呼。 ✓ 打招呼，以及自我介绍。 ☑ 确认客户现在时间是否方便。

续表

案例过程	技巧解析
闵女士：你好！时间方便，你说！ 宋光明：闵女士，我看到您家需要安装电表，接下来需要到您那边进行一下实地勘查。给您打电话是想跟您确认一下您的时间，请问我明天上午 10:30 到您家那边可以吗？	✓ 使用封闭式问题进行探寻。
闵女士：嗯，可以，我一直在家。	
宋光明：好的！另外，我看到您在办理申请业务时没有带您家的产权证明文件，明天请您务必准备好！	✓ 探寻并确认是否还有影响服务推进的风险。
闵女士：哎呀，幸亏你提醒我！产权文件在我另外一个地方，你要不下午过来，我上午去拿一趟。	
宋光明：好的，那麻烦闵女士拿一趟！那我下午 15:30 左右到您家，您看可以吗？	✓ 探寻客户是否可以接受。
闵女士：可以，可以！麻烦你了，其他的都准备齐了，我昨天一忙就忘了文件这个事情。	
宋光明：没关系的，闵女士！我们明天下午 15:30 见！	✓ 确认关键时间信息。
闵女士：行，好的！	
宋光明：好的，谢谢闵女士！有什么事情您可以打我这个电话。那我先不打扰您了，明天见！	✓ 间接确认是否还有未尽事宜。
闵女士：好的，明天见！ 闵女士随后挂断电话……	✓ 等待客户挂断电话并结束服务

渠道：电话临时沟通
事件：现场勘查——未能按时到达现场
客户：闵女士
服务人员：宋光明

案例过程	技巧解析
由于堵车，宋光明提前打电话给闵女士解释…… 闵女士：喂，你好！ 宋光明：闵女士，您好，我是供电公司的工作人员，我叫宋光明。昨天给您打电话要今天到您家中勘查装电表的事情！	✓ 打招呼/问好以及自我介绍。 ⚠ 已经联系过且情况较为紧急时，可以不单独确认客户称呼。
闵女士：对，对！你几点到呀？	
宋光明：非常抱歉，闵女士！我这里现在遇到堵车，可能没有办法按照约定的时间到您那里，可	✓ 主动向客户致歉。

107

案例过程	技巧解析
能会迟到15分钟左右！我之后……（听到客户讲话便停止了自己的讲话。）	☑ 客户要讲话时，让客户先说。
闵女士：没事的，没事的，就可能会迟到10几分钟，你还单独打个电话，真的对服务挺负责任！	
宋光明：谢谢闵女士理解！我之后也会尽快到您那边，如果有什么特殊情况我也会再跟您联系！	☑ 主动预防之后可能产生的误会。
闵女士：好的！	
宋光明：谢谢闵女士！那我先抓紧时间开车到您那边，避免您等得太久。	☑ 暗示客户结束通话。
闵女士：行！	☑ 等待客户挂断电话并结束服务
闵女士随后挂断电话……	

渠道： 电话沟通、现场面对面
事件： 现场勘查——到达现场
客户： 闵女士
服务人员： 宋光明

案例过程	技巧解析
到达现场后拨通闵女士电话……	
宋光明：闵女士，您好！我现在已经到您家门口了。实在抱歉，迟到了这么长时间，您久等了！	☑ 向客户打招呼/问好。 ☑ 因为迟到主动向客户致歉。
闵女士：没事，没事！这会儿路上的交通谁也说不好。	
宋光明：谢谢闵女士理解！	☑ 对客户的善意表示感谢。
闵女士：你们每天在外面跑也不容易！你稍等我两分钟，我马上出来。	
宋光明：好的，闵女士，不着急！	
5分钟之后，宋光明见闵女士出来，主动下车……	
宋光明：您好，您就是闵女士吧？	☑ 向客户打招呼/问好。 ☑ 确认客户称呼。
闵女士：是的，是的，我就是！	
宋光明出示工作牌：闵女士，您好！我是宋光明。这次迟到真的抱歉！	☑ 因为迟到主动向客户致歉。
宋光明：要不我们先去看看您家的房子，规划一下怎么给您家送电最方便。	☑ 主动提出建议。

续表

案例过程	技巧解析
闵女士：行，好的！ 宋光明：闵女士，上次电话中跟您说的房产证明您准备好了吧？ 闵女士：嗯嗯，准备好了，在这里！ 闵女士出示了产权证明文件…… 宋光明：谢谢您，文件请您收好！我现在去勘查一下情况，稍后给您规划出最优的送电方案。 闵女士：好的！ 现场勘查之后，宋光明与闵女士确定了装表位置，顺利完成了表计安装，成功送电。	
宋光明：闵女士，您家电表已经装好。如果您这边没有其他的事情，我就先不打扰您了，有问题的时候您再给我们打电话！ 闵女士：行，好的，谢谢！	☑ 间接确认是否还有未尽事宜。
宋光明：这是我们应该做的，谢谢闵女士！再见！	☑ 回应客户的善意

4.2　典型场景案例

4.2.1　业扩报装

4.2.1.1　路径协调问题

新装电表时，客户的电线或电表需要经过或安装到非客户产权的用地或房屋。此时可能遭到相关业主反对，导致业扩工作无法顺利进行。由于客户认为满足客户用电需求是供电公司的责任，因此让供电公司人员处理该问题。

冲突点： 客户不愿意或者没办法参与路径协调。

客户声音：路径协调是供电公司的事情，自己仅作为消费者获得最后有利的处理结果即可。

我们希望：让客户参与协调，了解其中困难，避免因为供电超期对供电公司不满。

运用策略： 主动出击，详见3.3.2相关内容。

沟通要点：

（1）第一时间向客户解释可能涉及的路径协调问题。

（2）向客户展示我们愿意积极参与协调的态度和计划，告知客户共同协调有助于加快接电速度，主动暗示可能协调困难的风险，降低客户抵触情绪。

（3）在进行路径协调过程中，与客户保持密切沟通，及时让客户了解到协调的计划、困难以及结果，并寻求客户的理解和帮助。提前为客户安排协调沟通的计划，包括时间、对象、沟通方式等。

实战案例：客户不愿参与路径协调
——运用"主动出击"策略让客户参与其中

1. 案件背景描述

客户赵女士完成了新户用电申请，通过现场工作人员的现场勘查后，线路方案都需要经过邻居徐大爷家。赵女士不愿意去徐大爷家协调路径产权使用问题，并告诉现场工作人员宋光明。

2. 案件沟通过程描述与技巧解析

案例过程	技巧解析
赵女士告诉宋光明："我只是想用电，你们怎么把电接过来我就不管了！" 【面对客户明确拒绝，向客户展示我们愿意积极参与协调的态度，主动暗示风险，降低客户抵触情绪】	
宋光明在思考片刻之后，带着真诚微笑对赵女士说："赵女士，这样吧！您带我一起去徐大爷家，咱们跟徐大爷解释一下，如果徐大爷对线路安全或者技术方面有什么顾虑的话，	[控制沟通节奏]通过控制面目表情以及语速，带动客户要理智思考。 [表明意愿]表达愿意积极帮助协调，打消客户可能存在的抵触心理或顾虑。

案例过程	技巧解析
我来跟徐大爷解释。因为，如果我贸然地去找徐大爷，徐大爷也没见过我，估计心理也有防备。要是第一次就被拒绝了，徐大爷考虑到面子上的问题，之后再协调可能就更难了。为了您能够更快地用电，咱们礼貌地让徐大爷帮个忙，相信徐大爷也能理解！" 赵女士："为什么要我去协调？" 宋光明继续带微笑："赵女士，咱们两个人一起去，主要就是跟徐大爷解释清楚，也是为了能够让您更快地用上电！" 赵女士面露为难，但没说话。 **【适时推进，将协调问题描述得尽量轻松简单，寻求客户帮助】** 宋光明："这样吧，赵女士！一会儿您帮我引荐一下，然后我跟徐大爷简单聊聊，我们跟徐大爷商量一下，让咱们的线路顺利通过。您看咱们现在去，徐大爷应该在家吗？" 赵女士："应该在家吧。行吧，那就去试试！"	**[暗示风险]** 暗示如果第一次协调失败会带来的消极影响，寻求客户理解。 **[主动出击]** 暗示客户需要持寻求帮助的态度。 **[语言积极]** 无论客户如何表达，都不受客户影响，保持良好的服务形象。 **[控制沟通节奏]** 避开正面回答，引导客户关注"接下来要做的事情"。 **[提示利好目的]** 向客户传达对其有利的目的，避免客户拒绝。 **[弱化困难]** 将协调问题描述得比较简单，降低客户心理抵触，让客户更愿意参与协调。 **[引导鼓励]** 为客户安排协调沟通的计划

3. 案例小结

关键词：真诚微笑、主动出击、控制节奏。

（1）通过真诚微笑来营造轻松的氛围，将协调问题描述得比较简单，降低客户心理抵触，以鼓励客户积极参与协调。

（2）在向客户表达愿意积极帮助客户满足其需求的同时，适当提出可能会面临的困难或风险并提出一些合理的建议。

（3）针对客户负面情绪，避开正面回答或者解释，以免陷入推卸责任的困境中，尝试引导客户的思维到"接下来要做的事情"的细节上。

4.2.1.2　对报装材料有异议

用户申请新装电表，按照地方政府及公司规定，需要客户提供相关报装材料，如充电桩新装物业许可证明、政府部门要求的房屋非两违证明等，但有些客户对供电企业因此无法提供报装服务而未予报装不满。

冲突点： 客户在现场勘查时无法补齐办电资料，拒绝待材料齐全后再处理的意见。

客户声音：不需要提供那些证明材料，供电企业也应立即满足其用电需求，认为工作人员在推诿客户合理的服务请求。

我们希望：客户能够按要求补齐相关证明材料，待材料齐全后再处理。

运用策略： 关键提醒，详见3.1.1相关内容；主动出击，详见3.3.2相关内容；刚柔并济，详见3.2.4相关内容；心照不宣，详见3.3.1相关内容。

沟通要点：

（1）在接到客户报装需求后，第一时间提醒客户需要特别注意的事项、必要材料等关键信息。

（2）通过"软"技巧将我们是配合政府要求，因此需要客户提供相关证明的原因传达给客户，寻求客户的理解和配合，减少抵触情绪。

（3）积极主动地给出有效的解决方案并提出合理的建议，同时展示我们愿意积极配合客户共同推进的态度，降低客户抵触心理。

实战案例：充电桩报装缺少物业同意证明
——运用"关键提醒"规避服务风险、"刚柔并济"减少抵触情绪、"主动出击"寻求客户配合

1. 案件背景描述

客户李女士在"网上国网"App上申请电动汽车自用充电桩后，属地网格经理宋光明接到了这个任务。根据"关键提醒"策略，宋光明为了避免之后在收资上出现问题，想提前给李女士打个电话，借助与李女士确认上门勘查具体时间的机会，再次提示一下新安装充电桩需要获得物业许可证明。

2. 案件沟通过程描述与技巧解析

案例过程	技巧解析
【在现场勘查前主动提醒关键事项】 宋光明与客户李女士确认上门服务时间时…… 宋光明："李女士！请问您物业同意安装充电桩的证明准备好了吗？" 李女士："没有啊，这个为什么一定要物业同意？我只想尽快充上电！"	[关键提醒]强调物业许可证明材料的必要性。
【面对客户质疑，"柔"性表达"刚"性规定】 宋光明："李女士，是这样的。由于您的充电桩电表是安装在地下车库，为了您及整个小区的安全，咱们需要积极响应政府的有关规定，请物业评估一下您在地下车库安装的条件，出具许可证明后再施工，建议您可以先和物业沟通一下。" 李女士："那好吧，我给物业先打个电话问问吧。如果物业不同意怎么办？" 宋光明："一般情况下物业基本上都会同意的，如果不同意的话，也可能是小区已经有统一的规划。没关系的，您先问问，如果物业真的不同意，咱们也了解一下原因，和小区的物业管理部门好好地沟通一下，如果有技术方面的顾虑，我来和小区物业解释。" 李女士："行吧，那我就先问问。"	[刚柔并济]利用服务沟通中的"软"技巧将法律法规等相关"硬"规定传达给客户，让客户可以理解我们所给出建议背后的原因，减少抵触情绪。 [主动出击]提示为了客户更快用电的目标，引导客户先与物业沟通，并表明我们积极参与配合的行动计划，打消客户的顾虑。 [弱化困难]将问题描述得比较简单，降低客户心理抵触。 [主动出击]通过积极的语言表示我们愿意提供技术解释方面的帮助

3. 案例小结

关键词：关键提醒、刚柔并济、主动出击。

（1）礼貌地沟通提醒客户需要特别注意的事项、某一业务流程的必要材料等关键信息。避免客户的"未知"或"误解"导致后续的服务风险。

（2）通过"软"技巧将我们是配合政府要求，因此需要客户提供相关证明的原因传达给客户，寻求客户的理解和配合，减少抵触情绪。

（3）积极主动向客户展示我们愿意积极配合客户共同推进的态度，降低客户抵触情绪，主动配合我方工作。

实战案例：未提供非"两违"证明仍要求报装
——运用"心照不宣"策略引导打消无理需求

1. 案件背景描述

客户刘女士申请报装用电，按照当地政府要求，禁止对违章违建供电，因此需要由刘女士提供产权证明及相关管理部门开具的非"两违"证明。刘女士无法提供且强烈要求满足其用电需求，于是与现场工作人员产生了争执。宋光明赶到现场帮忙一同解决。

2. 案件沟通过程描述与技巧解析

案例过程	技巧解析
【客户情绪激动时注意放低音量、放慢节奏，利用倾听回应、提问探寻技巧让客户逐步理性】 宋光明赶到现场，自我介绍…… 刘女士就抢话道："我问问你，你们供电所是不是负责给老百姓供电的？我是一个合法的公民，为什么不让我用电？" 此时的现场人员一脸无奈地想要解释什么，但是被宋光明的一个眼神给制止了，示意让客户刘女士先说。 宋光明又看向了现在非常生气的刘女士，用平稳的语气说："刘女士，具体是什么问题让您这么着急，您跟我说说，看看我能不能帮到您？" "跟你说，你就能给我通电了？"刘女士头一歪，没好气地说。 宋光明没有正面回答刘女士的问题，微笑道："哦~我明白了，您是家里要用电是吧？" "我不用电上你们这里来干嘛？买菜呀？！"刘女士还是没好气。宋光明并没有受到刘女士情绪及语言影响，微微地点了一下头，表示自己正在听并且引导刘女士继续说，并未作出语言上的回应。	[主动倾听]当客户打断我们讲话时，应当及时停止我们的语言并礼貌性地让客户先说。 [投诉处理技巧]在遇到情绪不好的客户时，需要注意自己语速、语气等。 [探寻技巧]通过开放式问题鼓励客户多说话，并初步了解问题。 [控制沟通节奏]通过提问控制沟通主动权。 [礼貌的表达]礼貌性地不说话，也是鼓励客户说话的一种方式。

续表

案例过程	技巧解析
刘女士见此情形，继续说："你们工作人员说，我还要去政府开什么证明材料，我提供不了就不让我用电了呀？" 这时勘查人员想向客户进行解释，又一次被宋光明的手势给制止了。 刘女士持续抱怨…… **【控制沟通节奏，通过心照不宣策略，掌握主动权】** 待刘女士说完，宋光明说道："刘女士，我大概明白问题在哪里了，是由于一些必须的资料您没有办法提供是吧？"	**[投诉处理技巧]** 在客户情绪不稳定过的时候，应当控制讲话的欲望，不着急解释。 **[控制沟通节奏]** 通过提问控制沟通主动权。
"是呀！我们自己的盖的房子，为什么还要证明材料，我们邻居很多人报装也没有这么麻烦吧，为什么我的就不给安装？你们这不是针对我吗？"刘女士生气地说。 "嗯！我很理解您的心情！您说的我大概全明白了！我觉得让您家里尽快用上电是最重要的，现在就是材料的问题了，我想跟您确认一下，您家在修建要用电的这座楼房的时候，相信也得到了批准对吧？"宋光明问道。 "当然了！肯定要得到批准的呀！否则那不就是违建吗？"刘女士回复道，但是明显有些不自信。	**[心照不宣]** 通过语言暗示客户确认自己所盖的房子有没有获批。
"那就好办了！您家的房子既然在修建的时候得到了官方批准，现在就是提供个证明的事了，具体怎么办理您可以去村委会或者镇政府咨询下（实际可根据当地政府要求引导客户），您把证明准备好后，我们这边第一时间帮您处理。我给您留一个联系电话，到时您直接打这个电话就行。" 刘女士："好的，听你这么一说我就全明白了！"	**[心照不宣]** 无论客户的表现是什么样，都不在服务沟通中评论客户的房子是否存在违建的情况。 **[主动出击]** 向客户展示后续的便利处理方式，可以降低客户对暂停本次业务处理的抵触概率。

115

3. 案例小结

关键词： 倾听回应、心照不宣、控制节奏。

在本案例中，并没有明确提及我们的工作流程和规范，也没有任何关于客户的房子实际情况的讨论。

不被客户的语言及情绪所影响，通过友好积极的引导，慢慢地将谈话的重点放在如何通过正常渠道解决客户的困难上。

从"积极为客户提供服务并解决问题"的角度给出有效的解决方案并提出合理的建议，这样可以防止没有必要的沟通冲突，防止沟通陷入僵局。

4.2.1.3 办电时长超客户预期

供电公司在施工的过程中可能因遇到线路路径以及设备安装位置的协调问题，导致接电时间超出客户的心理预期，客户对此并不接受。

冲突点： 实际的时长与客户心理预期差距较大。

客户声音： 必须满足快速接电的需求，不理解为什么需要这么久？更不理解为什么到现在才说？

我们希望： 客户能够理解我们建设遇阻的实际情况，接受我们预估的送电时间。

运用策略： 关键提醒，详见 3.1.1 相关内容；为你独尊，详见 3.3.3 相关内容。

沟通要点：

（1）第一时间向客户解释实际存在的问题以及施工过程中可能遇到影响接电时长的风险。

（2）向客户展示我们积极努力加快接电速度的态度。例如，耐心向客户解释并展示方案细节，让客户了解确实存在困难，理解我们在努力帮助客户解决问题，但切忌给予客户过度无法实现的承诺。

（3）在整个施工过程中，与客户保持密切沟通，及时让客户了解到计划、进度、困难以及结果，避免客户因对过程不了解而产生焦急心理。

实战案例：业扩工程建设时长超客户预期
——运用"关键提醒"预告时长风险、"为你独尊"获得客户理解

1. 案件背景描述

钱先生在远郊山脚下修建了一所宅院，申请用电。非常不巧的是，经过现场勘查后发现，新的宅院所处位置离最近的公共变压器距离较远，需要进行立杆架线，此时间可能超过一般居民用电的接电时间。

2. 案件沟通过程描述与技巧解析

案例过程	技巧解析
【第一时间告知可能影响时长的风险】 宋光明："钱先生，通过现场勘查及评估，目前已经有了初步的供电方案。因为需要架设新的电杆和线路到您家，可能时间会稍微长一点，我先和您道个歉。" 钱先生听后露出了不高兴的表情，问道："需要多长时间？"	[主动致歉]简要解释问题背景后，通过致歉的方式想客户传达"供电施工用时会长"的信息。
【展示已为客户选择更优方案，但方案可能遇到影响时长的具体问题】 宋光明听后并没有向钱先生提及具体的预计时间，而是安抚钱先生道："钱先生，您先别着急！"说完便拿出了方案图，展示给钱先生看，并解释道："您看，目前您家附近有两台变压器可以给您家供电，变压器A离您家比较远，这个线路施工量也比较大，时间长。后续我担心因为距离远，影响您家正常用电。变压器B是离您家最近的，现在看从这台变压器给您家供电是最合适的方案，我们需要新立几根电线杆，架设100米线路到您家，实际施工的时间不需要很长，主要不可控的是与线路经过的业主沟通协商，需要得到他们的同意，如果有些业主不同意或者阻挠施工，我们就还得寻找其他的方案。" 钱先生听完稍微有些不耐烦地说："那到底需要多长时间？"	[为你独尊]通过对比的方式让客户认同目前的方案为最优方案，并尽可能早地向客户表达可能遇到难处。相反，如果是在后续解释原因，客户有可能认为我们是在推脱或者找借口。

案例过程	技巧解析
宋光明评估按照施工方案，由于不定因素太多，为避免后续无法按期实现，客户情绪反弹，不宜先作出承诺，连忙解释道："钱先生，除施工阻挠、路径协调等不可控因素影响外，我们正常是在您报装后5个工作日内为你装表。"	**[不过度承诺]**切忌给予客户可能无法实现的承诺，可以按照时限要求进行答复。
"那么久呀！怎么需要那么长的时间呢？就不能再快点吗？"钱先生很明显有些不太高兴。	
"钱先生，您别着急！我非常理解您的心情，想尽快用上电！我现在回去就立刻进行施工的申请，这个期间如果钱先生也能帮忙和周围经过的邻居沟通一下，征得他们的同意，我想整体的时间肯定能缩短，我也会和您一起与他们一起沟通解释的。"	**[表明服务意愿]**及时安抚客户情绪，并引导客户一起为加快施工进度做出努力。
"这个没有问题，只要能我赶紧用上电就行！"钱先生说道。	
"谢谢钱先生理解！有您的帮助，时间一定会大大缩短的！我们也会尽最大努力看一下能否再让时间加快一点，这个过程咱们紧密配合，有什么困难和变化，我们都及时联系沟通好吗？"	**[强化客户参与价值]**让客户体会到自己在工期推进过程中的价值，并向客户作出会"尽最大可能"的保证，以提高客户接受的概率
"那行，反正你们就尽快让我用上电就行了！"钱先生说。	

3. 案例小结

关键词：关键提醒、对比引导、邀请参与。

遇到时长超客户预期的情况，可以在尽可能缩短工期的情况下，通过对比引导的方式让客户理解并接受工期。同时在引导的过程中，尽最大可能让客户一起参与其中，让客户的注意力放在如何进一步推进进展上，而不再继续纠缠时间问题。

4.2.2 电费抄核收

4.2.2.1 对催费方式不满

对于用电客户而言，总会因为各种原因忘记交电费，需要网格经理通过电话提醒。而有些客户就对电话催费表示不满，感觉是被催债。

常见冲突点：

（1）电话催费时态度言语不当，客户感觉被催债，引发误会。

（2）每月高频次地电话催费，造成反感。

运用策略： 语言积极，详见3.1.2相关内容；抽薪止沸，详见3.2.2相关内容；主动出击，详见3.3.2相关内容。

4.2.2.1.1　冲突点①：电话催费时态度言语不当，引发误会

网格经理未掌握服务沟通技巧，或催费话术有待调整。在电话催费过程中，使用一些敏感的词语或掺杂个人负面情绪、情感。

客户声音：自己并非恶意不交电费，在出现欠费情况时，需要工作人员及时、礼貌的提醒，而不是不耐烦地催促自己交费，并强调欠费会停电等后果。

我们希望：客户每月都能够按时交费，并逐渐转变为使用智能交费渠道。

沟通要点：

（1）熟悉掌握相关文件规范催费话术脚本催费。

（2）避免使用消极的语言，如"欠费""停电"等。

（3）避免使用要求或者命令的语言或语气，如"您需要交××元电费"。

（4）避免在催费过程中对其他事情进行评论，尤其是可能造成误会的内容，如客户是否有能力交电费等。

实战案例：客户多次忘记及时交费
——运用"语言积极"不让客户产生反感

1. 案件背景描述

客户郭女士经常忘记及时交电费，需要被催费。夏添是供电所的网格经理，前两个月对郭女士电话催费，告知郭女士需要尽快缴费，不然会产生违

约金甚至停电，引发郭女士强烈不满，被数落得很委屈，感觉客户很不讲理，不愿意再电话联系郭女士。宋光明准备给夏添做一次沟通示范，在掌握郭女士的用电关键信息后，便拨打了郭女士电话。

2. 案件沟通过程描述与技巧解析

案例过程	技巧解析
【专业、礼貌的开场沟通，运用语言表达同理心】 宋光明："您好，请问您是某国际小区16号楼402的业主郭女士吗？" 郭女士：是我。 宋光明："您好，郭女士，我是某供电所的网格经理宋光明。占用您几分钟的时间，您看方便吗？" 郭女士："你说！" 宋光明："谢谢郭女士！我今天看您本月尚未及时交费，所以给您打这个电话是想……" 郭女士没等话说完，抢话道："又要交电费啦？感觉刚交完没多久呀！"	**[开场技巧]** 自报家门、确认双方身份并表明来意。多使用用户的专属称谓，如：×先生、女士。同时运用语言表达同理心，确认客户现在时间是否方便。
【面对客户质疑，避免消极表达，准确提供信息】 宋光明：未在意郭女士不友好的态度，保持着平和与礼貌道："嗯嗯，郭女士！我刚才查询您上一次交费日期是7月26日，户号是：×××××××××，电费是312.27元，这是您家6月份的用电金额。我这次给您打电话是告诉您7月份的电费是：338.71元。"宋光明特别注意将每一个关键的信息都说得非常清楚。 郭女士："噢！我有空再交吧。" 宋光明：用带笑意的语气说："没事的，郭女士！您平时太忙了，像电费这样的一些琐事，也挺占用您时间的！"宋光明用片刻的停顿鼓励郭女士讲话。	**[表达技巧]** 尽量用准确的数字向客户提供信息，这样更容易让客户抓住内容的重点。 **[语言积极]** 在沟通中不使用"欠费""停电"这样较为消极的词语表达。当客户比较忙的时候，尽量告诉客户预计占用的时间，设定客户的心理预期。
【耐心倾听与提问，并提出针对性解决方案】 郭女士："是呀，每天忙得我焦头烂额！最近孩子刚开学……我忙完会尽快交电费的……" 宋光明："谢谢您的谅解，郭女士！其实我们也担心给您打电话打扰到您！建议您关注我们的国网福建电力微信公众号。可以查电费、交电费，很方便的！"宋光明诚恳地说。 郭女士："我怎么加啊？"	**[倾听技巧]** 先倾听，关注客户情绪。不做出任何疑似不耐烦的行为，如抢话等。 **[主动出击]** 主动表达歉意，安抚情绪，并感谢客户的宝贵意见和理解。适时提出封闭性问题得到客户信息，针对性地提出对应的解决方案。

案例过程	技巧解析
宋光明："您搜索'国网福建电力'就可以了。" 郭女士："好的。" 宋光明："好的，郭女士！后续有任何问题，您可随时与我联系。祝您工作顺利，生活愉快。"	[结束技巧]完成沟通闭环，利用个性化的结束语，让客户感觉到被理解、被尊重

3. 案例小结

关键词：积极语言、鼓励沟通、主动出击、抛出方案。

（1）使用积极的语言，避免使用消极的语言，给客户足够的尊重，顾及客户的面子问题。

（2）即便电话沟通，也要保持微笑，营造出和谐的氛围，鼓励客户说出未及时交费的原因。

（3）主动给客户的失误找一个合理的理由，并提出适用的解决办法，引导客户使用。

4.2.2.1.2 冲突点②：每月高频电话催费，引起客户反感

一个月内多次电话联系，会造成客户的心理压力，衍生出反感情绪。

客户声音：发生欠费情况时，工作人员及时通过短信电话等适当提醒即可，没必要多次打电话催费，打扰日常工作生活引人反感。

我们希望：客户能够及时缴交电费。

运用策略：抽薪止沸，详见3.2.2相关内容。

沟通要点：

（1）建议每月电话频次不超过3次，且每次电话联系的间隔在2~3天。若当天电话未接听，至少间隔半小时后再联系，一天内控制在2次。

（2）若客户反感电话催费，则应灵活调整催费方式，如短信、微信或上门催费，并引导客户选择多种交电费渠道。

（3）提供多种交费渠道，引导客户选择，并乘胜追击，解决日常拖欠电费问题。

实战案例：多次电话催费引发客户反感
——运用"抽薪止沸"策略让客户投诉变成机会

1. 案件背景描述

宋先生是个体经营的老板，日常工作忙，每个月电费都在产生违约金后才交，对网格经理的电话催费特别反感。

这天，宋先生正在洽谈工作的事，电话铃声响起，一看电话号码心里明白又是催电费的，直接拒接。但是不到1分钟电话又响起，拒接后电话又立刻拨打过来。最后，宋先生把手机关掉。

宋先生送走重要的客户后，回想起那几个电话，怒从心头起。决定发泄一下自己心中的怒火，于是回拨。

2. 案件沟通过程描述与技巧解析

案例过程	技巧解析
【面对客户发难沉稳应对，掌控沟通节奏】 宋光明："您好！这里是某供电所，我是宋光明。请问有什么可以帮助您？" 宋先生："你们供电所是不是有毛病呀？一上午连续给我打3个电话，催命呀？" 宋光明："先生，您先别着急！请问有什么我能帮到您，您慢慢地跟我讲一下。" 【通过开放式提问获取细节信息，高频道歉传达诚意，安抚客户情绪】 宋先生："就那么几百块钱的事情，至于的吗？你们这跟暴力催收有什么区别，我是可以投诉你们的！"宋先生喘了口气继续说道："今天上午我正在开一个非常重要的会议，你们打来一个电话，我不方便接听就给你们挂了。你们可倒好，紧接着电话又打过来了，催命呀？上午是不是就是你给我打的电话呀？" 宋光明：避免客户负面情绪升级，马上道歉："非常抱歉，先生！上午的电话不是我打给您的。不管是谁打的，像您刚才的描述，也的确是不应该。我先向您道歉！非常抱歉！"	[控制节奏] 客户在沟通一开始就大发雷霆，需要特别注意控制沟通节奏，接受客户的情绪，并及时进行安抚。当没有任何信息参考时，通过开放式问题，鼓励客户多说话，获取更多细节信息。 [高频道歉] 通过高频次的致歉，更能让客户感觉到歉意的真诚，使客户情绪平和下来。善用客户描述的细节，表示一些认同。这样做是为了随后提供解决方案作铺垫。

案例过程	技巧解析
宋先生："你们能有什么紧急的事？每次不管什么时候打电话，只是让赶紧交电费。" 宋光明："先生，您先别生气！听您这么一讲我就明白您的意思了，而且也非常理解您！我们工作人员确实考虑不周全，不应该频繁给您电话催费。" 宋光明："我推荐您使用一些便捷的交费方法，可以避免因欠费频繁收到催费电话给您造成的不便。如果现在方便，跟您简单介绍一下，可以吗？" 宋先生："有办法你们怎么不早说呢？"	[倾听技巧]先倾听，关注客户情绪，不做出任何疑似不耐烦的行为，如抢话等。获取语言中的细节，为进一步的沟通作准备。
【化危为机，运用抽薪止沸的技巧，提供解决客户关键问题的方案】 宋光明："第一个方案，您多预存几个月的钱在用电账户中，也免得提醒电话打扰到您正常的工作；第二个方案，您通过支付宝、微信或者网上国网App绑定自动代扣，您设定一个电费预警值及一个电费代扣值，让其自动扣款，您只需要有空时查看电费账单即可，有疑问时就跟我们联系，您看可以吗？" 宋先生："自动代扣怎么操作啊，听起来很麻烦的样子。" 宋光明："这样吧，您什么时候方便，我去您店里，当面演示操作，好吗？" 宋先生："这两天刚好有空。" 宋光明："好的，那今天下午3点，我去您店里，下午见。"	[抽薪止沸]在客户情绪缓和后，结合提出替代解决方案，开展线上渠道宣传或服务产品推荐。在形成解决方案后，主动询问了解有助于服务体验的细节或者是否有其他需求，让用户体会到被重视

3. 案例小结

关键词：致歉示弱、提问引导、抽薪止沸、问题闭环。

敏感而脾气暴躁的客户，会在进行电话催费时感觉很难沟通，处理不当还可能导致升级投诉。

（1）面对此类客户，应当主动承担沟通中的责任，不解释自己当时为什么那么说，而是先对沟通结果（误会）表示歉意。

（2）善于使用转移话题的问题，以引导客户的思路。

（3）我们需要理解"客户的抱怨不一定只是挑战，也可能是一次很好的机会"，可以借助客户所描述的某个困难或者不满，顺势提出建设性建议。

（4）直击问题核心——如何及时交费，通过提出方案，建立信任，解决问题。

4.2.2.2　对智能交费有异议

部分智能交费客户对"日结算电费"的交费规则不够理解。一是当可用余额低于零时，会收到"当前电费提醒"短信，客户易将预收余额与可用余额混淆；二是智能交费的停电规则与欠费金额相关，客户对非月末、欠费金额不多时即停电不满。因此，需要工作人员通过沟通来解决客户的诸多疑虑。

常见冲突点：

（1）客户只想交往月电费，对收到当前电费提醒短信不理解，误认为多收费。

（2）客户对智能交费的停电规则有异议。

冲突点①：客户只想交往月电费，对当前电费提醒短信不理解，误认为多收费。客户在办理智能交费业务时，未将具体规则了解清楚，对预存余额、实际可用余额混淆不清，开始抵触预存电费。

客户声音：本月只需要交往月电费，还没到下月要交电费的时候为什么总是收到费用提醒短信催促交费，从而质疑预存电费。

我们希望：客户能了解智能交费的规则，在收到短信提醒后能够及时预存下月电费。

运用策略：以退为进，详见3.2.3相关内容。

沟通要点：

（1）熟悉掌握智能交费业务规则及相关知识点、业务点，便于沟通时进行解答。

（2）通过沟通及查询客户信息，了解客户是对智能交费的什么业务点有异议，针对性地答复及提供解决方案。

（3）选择合适的时机向客户展示智能交费模式的好处。例如：可查询日用电量，可自行设置预警值、代扣值。

冲突点②：客户对智能交费的停电规则有异议。客户习惯之前月末被催费后再交费，停电一般也是产生违约金之后，对于智能交费可用余额低于0元或30元即停电不认可。

客户声音：欠费产生违约金之后才可以停电，可用余额不足的时候还没到下月电费结算日，停电不合理。

我们希望：客户能及时预存电费，并理解智能交费的停电规则。

运用策略：以退为进，详见3.2.3相关内容；借势用力，详见3.3.4相关内容。

沟通要点：

（1）熟悉掌握智能交费业务规则及相关知识点，便于在沟通时进行解答。

（2）通过沟通，了解客户对智能交费欠费停电业务有异议、不认可的原因，针对性解答及处理。

（3）向客户说明智能交费的相关策略趋势，并举例说明功能及好处，例如可查询日用电量，便于房东管理店面、出租房的电费情况。

实战案例：客户不理解并抵触智能交费模式
——运用"以退为进"策略引导客户理解并提出合理建议

1. 案件背景描述

客户樊女士参与智能交费推广活动，变更为智能交费模式。由于日常无预存电费的习惯，经常交费不久又收到"当前电费提醒"、"欠费停电通知"短信，而且发生一个月被欠费停电两次。

这让樊女士难以接受，于是要去供电营业厅理论，并要求再改回之前的先用电后付费模式。

2. 案件沟通过程描述与技巧解析

案例过程	技巧解析
【面对客户情绪激动及时安抚，掌控沟通节奏，利用倾听回应、提问探寻技巧获取客户需求信息】 樊女士："赶紧给我取消智能交费，天天提醒我交电费，交了还被停电好几次，真是气死人了。" 宋光明："女士，您好！请别生气，您先请坐！发生了什么事情，请您详细地跟我说一下，我来帮助您解决！" 樊女士"自从改成智能交费后，我一个月交了三次电费，交完没几天又短信提醒我要交费。以前我欠费一两百块钱都没事，现在是欠费十几块钱就停电呀？" 宋光明："女士，您别着急！请提供一下您的户号，我立马查看一下，请问您怎么称呼？" 樊女士："我姓樊，这是我户号，你赶紧给我看一下，到底怎么回事？" 宋光明："好的，樊女士，请您稍等！"	[控制节奏] 客户在沟通一开始就大发雷霆，需要更加注意自身态度，不能自乱阵脚。接受客户的情绪，并及时进行安抚。 [探寻技巧] 当没有任何信息参考时，应当尽快确认其姓氏并使用客户的尊称。在客户情绪非常激动且态度不友好时，应当尽快确认其姓氏并使用客户的尊称。 [倾听技巧] 先倾听，关注客户情绪，不做出任何疑似不耐烦的行为，如抢话等。获取语言中的细节，为进一步的沟通作准备。 [普及策略] 明确告知客户智能交费是大势所趋的用电模式。
【面对客户取消智能交费的需求，运用"以退为进"的技巧，逐步引导客户做出理智的决定】 宋光明："樊女士，根据您刚才描述的情况及查询到的信息，您家目前使用的智能交费是我们公司在普及推广使用的一种新型业务模式，您这个月是有两次停电的记录，实在是抱歉，给您的生活造成了不便！我觉得中间肯定是存在着一些误会。" 樊女士："你们的这个新业务我觉得不好用！一个月要交好几次电费，是不是乱收费呀？" 宋光明马上意识到问题出在哪了，又面带微笑地确认道："嗯，好的！每次您就是按短信提醒的金额进行交费对吧？" 樊女士："是啊，难道不对吗？" 宋光明："应该是我们前期没跟您解释清楚智能交费业务，让您感觉不适应，并给您造成不便，实在抱歉！其实……" 樊女士没等宋光明把话说完："你给我改回去就行了！"	[表达技巧] 善用"误会"一词，引出客户不满意点。主动承担出现问题的责任，并安抚情绪，让客户愿意听解释。

案例过程	技巧解析
宋光明没有在意樊女士的抢话，引导着樊女士先听一下自己的解决方案："好的，樊女士！从操作上是可以改回去，只是改完之后无法体验我们的一些增值服务和交电费优惠活动。" 　　向樊女士解释相关优惠活动后…… 　　樊女士："那我经常收到短信和被欠费停电的问题能解决吗？" **【通过适时提问引导客户思路，耐心解答客户疑问，提出解决方案，消除客户疑虑】** 　　宋光明："可以的，您之前的情况主要是因为没有配套给您办理预收代扣业务，导致您每次按照短信提醒金额交费后没多久就又余额不足了。现在推荐您办理预收代扣业务，当您电费账户可用余额低于预警值时，系统触发自动代扣电费，根据您平均一个月用电350元电费的情况，建议自动代扣值设置为400元，这400元会用到下一次电费账户余额不足时再次触发代扣，您只要保证代扣的银行账户里有足够余额就行了，这样就不会收到欠费短信也不会被欠费停电了。" 　　樊女士："我没有用过，感觉还是不懂。" 　　宋光明："樊女士，您不用担心！您如果不介意的话，我现在就教您操作。这样全都设置好了！以后您想查看用电情况的话，可以使用网上国网App或者关注微信公众号实时查看每日用电量电费、账户余额。" 　　樊女士将信将疑地说了一声："那好吧，我试一下，再见！" 　　宋光明："感谢您的信任与支持，樊女士，您先试用两个月，有任何疑问，随时联系我们！祝您生活愉快，再见！"	**[以退为进]** 先肯定客户的说辞并表示可以受理。随后站在客户角度，了解客户真实需求，对实际情况进行解释，提出可能会遇到的问题或挑战，引导客户理智决定。 注意：在肯定完客户之后，尽量避免使用转折连词。 **[耐心解答]** 通过问题引导客户的思路。在客户情绪缓和后解答问题，提出解决方案。 **[展现自信]** 向客户展示我们对自己业务的自信。通过行动主动指导客户进行操作，以消除客户的真正顾虑。 **[表达技巧]** 使用肯定的语言打消客户的顾虑。注意：此时尽量不要询问客户还有什么顾虑，有可能会让客户感觉到尴尬。最后，对客户表达真诚的谢意，让客户更有好感。 **[保证售后服务]** 鼓励客户试用，并承诺对其使用时产生的疑问进行解答处理，让客户感觉放心

3. 案例小结

关键词：耐心提问解答、以退为进、借势用力。

（1）当客户情绪激动时，运用倾听、探寻等技巧耐心弄清客户的根本问题点。

（2）主动帮助客户找到解决办法，面对客户取消智能交费的想法先表示可以受理，等客户情绪平复再慢慢解释取消智能交费后可能会造成的不便，逐步引导客户做出理智的决定。

（3）客户提出建议时，可以借助其他客户的行为来辅助当前客户认可并接受我们的提议，让客户相信我们是为他着想。

（4）换位思考，理解客户的难处，以退为进，分析业务功能的利弊，帮助客户选择更合适的选项。

（5）针对客户问题点给出解决方案，进行正面回答或者解释，以免陷入推卸责任的困境中，尝试引导客户的思维到"选择有利于他"的细节上。

4.2.2.3 质疑电费突增

在客户用电过程中，由于各种原因可能导致客户电费突然大幅增加，客户容易下意识地认为是供电公司的问题，导致一些冲突。

冲突点①： 客户对突然电费增多不满。

客户声音：我都和以前一样正常用电，电费突然大幅度增加肯定是电表的问题。

我们希望：客户不理解电费突增的原因可能是由于客户不理解阶梯电费计价规则、自家供电设备或用电人口增多、出现串户、窃电、漏电等情况，以及电表故障或装表质量问题等，需要客户配合进一步调查清楚。

冲突点②： 客户对未查出电费突增原因不认可。

客户声音：肯定是因为电表的不准导致的电费突增，不是自身原因。

我们希望：客户能够理解并相信我们对电表检验的过程和结果。

冲突点③： 客户对验表结果不认可。

客户声音：不相信现场验表的工作人员，明明是电表有问题还不承认，就是想多收电费。

我们希望：客户能信任我们对电表进行的检验过程和出具结果。

运用策略： 语言积极，详见 3.1.2 相关内容；抽薪止沸，详见 3.2.2 相关内容。

沟通要点：

（1）面对客户对电费突增的质疑，耐心向客户解释电价规则，引导客户确认自家用电情况，同时引导客户办理峰谷分时电价，节省电费支出。

（2）现场进行串户、窃电、漏电情况排查，若出现相关情况，耐心引导客户处理后续事项。若出现电表故障或装表质量问题，立刻帮助客户换表或调整表计接线。

（3）在客户现场监督下，对电能表进行现场检验，将结果填入现场检验结果通知书，请客户签字确认。若客户不认可现场检验结果，耐心与客户沟通，拆回实验室检验，客户仍不认可的情况下，与客户一同将电表送至上级计量检定机构验表。

实战案例：客户质疑电费突增原因
——运用"抽薪止沸"，系统的排查从根源解决客户电费突增问题

1. 案件背景描述

客户苗先生长期在外地工作，仅周末回家，之前电费均不到50元，但近两个月电费均超过100元，苗先生对此表示不解，于是联系当地供电所反映。通过查询系统发现，月电费情况与苗先生描述一致，于是告知会派工作人员到现场排查。

供电所工作人员宋光明做好充分准备后，在约定的时间到现场与苗先生沟通并核查问题。

2. 案件沟通过程描述与技巧解析

案例过程	技巧解析
【第一时间向客户承诺会帮助他解决问题，安抚客户情绪】 苗先生非常疑惑地问："我平时都不怎么在家，之前都是不到50元的电费，为什么这两个月我家的电费一下子翻倍了？" 宋光明听后，微笑且耐心地解释道："苗先生，导致电费增加的原因有很多，需要进行一一排查。我这次来就是现场看一下什么地方出现了问题。请您不用担心，在找到原因之后我会告诉您如何进行处理！"	[开场技巧] 第一时间通过承诺让客户相信我们会全力帮助客户解决问题，稳定客户情绪。
【通过提问探寻技巧在沟通中快速排除非要因，并引导客户配合排查找到电费异常的原因】 宋光明："苗先生，请问您这两个月用电习惯与之前是否发生变化？比如空调长时间开启或出门前忘记关了？" 苗先生："没有啊，我都有及时关。我觉得就是你们电表有问题，你们先给我查下电表有没有问题吧。" 宋光明："苗先生，根据工作规范，我们应先排查下线路是否存在问题，如您家线路是否与邻居接错线、漏电，其他客户是否窃电等，我们一一排查完，若都没有问题，再进行电表检测，您看如何呢？" 苗先生："我还是希望你们能先检测下电表。" 宋光明："好吧，我现在就通过设备对电表进行检测，一会儿就知道结果了。"随后向苗先生说明了一些现场工作时客户的注意事项，便对电表进行了故障核查和现场检验。很快，结果显示电表一切正常。于是宋光明向苗先生反馈道："苗先生，您看，您这架电表的计量误差在允许范围内，是准确的。请您对检验结果进行确认下。" 苗先生："电表没有问题？你确认你用的那个检测设备没有问题吗？我看这个表也已经用了很长时间了，要不你们给我换一架吧。"	[提问] 与客户核对用电情况，向客户解释可能出现电费突增的原因，以便更快速地锁定关键原因。 [控制沟通节奏] 详细向客户介绍接下来要完成的工作，获得客户的信任。
宋光明："苗先生，我理解您的顾虑，让我们先把引起电费突增的原因一一排查下，若仍未发现问题，我们可以把表计拆回实验室检测。" 苗先生："好吧。"	[控制沟通节奏] 不正面回应客户的要求，而是引导客户先继续进行问题排查。

案例过程	技巧解析
宋光明按照现场工作规范进行线路排查，未发现线路接错、窃电问题。马上把情况反馈给客户："苗先生，我刚才检查完线路，没有发现线路接线错误或者其他人员窃电的情况。接下来，麻烦您配合我们检查下是否存在线路漏电的情况。" 　　苗先生："需要我配合做什么？" 　　宋光明又说道，"苗先生，麻烦您帮个忙，断开家里设备电源，然后把家中总开关断开，我这边帮您测一下是不是有漏电的情况。" 　　"为什么这么麻烦？我觉得还是电表的问题。你是不是不想承认你们电表有问题，不想给我换呀？"苗先生生气地质问道。	[控制沟通节奏] 及时将检查结果告诉给客户，并寻求客户配合，继续排查剩余导致电费突增的可能原因。
"非常抱歉，苗先生，让您误会了！正好我现在也带了设备，顺便检查一下有没有出现漏电的可能。主要也是担心由于排查不到位，让您家存在用电的安全隐患。" 　　苗先生听后觉得有道理，也就没有再说什么，开始配合宋光明进行漏电测试，结果显示，苗先生家的确存在漏电情况。 　　宋光明："苗先生，经排查，您家存在漏电的情况，建议您找社会上专业的电工进行检查处理。" 　　"好吧。"苗先生说。 **【通过肯定的承诺获得客户信任和好感】** 　　"苗先生，后续若有其他用电方面的问题，您可以随时与我们联系！"宋光明说，随后宋光明便整理好相关器具，与苗先生道别后离开了	[换位思考] 及时安抚客户情绪，通过换位思考站在客户角度考虑问题的表达方式，得到客户理解并引导客户继续排查工作。 [抽薪止沸] 通过多次提问和逐一排查，最终发现客户电费突增的原因，从根源上帮助客户解决问题，打消顾虑，并提出解决方案。 [语言积极] 用积极的语言表达间接"拒绝"客户的要求。 [积极的语言] 通过肯定的承诺让客户相信我们随时愿意帮助客户解决用电问题

3. 案例小结

关键词：客户安抚、耐心解释、抽薪止沸、逐一排查、主动帮助。

（1）客户由于不清楚导致电费突增的原因，很容易下意识地认为是电表出现了问题。对此，我们需要耐心地向客户解释导致电费突增的各种原因。

（2）在沟通及排查过程中，帮助客户找到电费异常的最根本原因，打消客户对于电表异常的顾虑，让客户体验到专业的服务，获得客户的信任。

（3）针对客户在电费突增原因未全面排查清楚的情况下即要求更换电表的诉求，不要直接拒绝，而应该耐心引导客户协助我们对电费突增的原因进行一一排查。

4.2.3 抢修

4.2.3.1 对抢修到岗时间不满

由于天气或交通等原因，容易导致到达现场时间超过对外承诺的时限要求，客户对此不满。

冲突点：客户认为抢修速度太慢，一直追问什么时候能修好以及为什么给工作人员打电话不接。

客户声音：抢修人员已经到现场几个小时了还没有修好，也没有告知当前进度及复电时间，抢修人员电话也打不通，认为抢修人员态度冷漠，无视客户感受。

我们希望：抢修人员需要尽可能主动告诉客户关心的信息，包括当前进度、预计完成时间、客户现在需要做什么以及抢修过程中可能不方便接听客户电话，希望客户能体谅抢修人员的工作，耐心等待。

运用策略：关键提醒，详见3.1.1相关内容；寻求理解，详见3.2.1相关内容。

沟通要点：

（1）客户会因为无法得知抢修情况的信息而产生误会，此时工作人员需要尽可能主动告诉客户关心的信息，包括当前进度、预计完成时间、需要客户如何配合等。

（2）当抢修过程中不方便接听电话时，要提前告知客户并解释原因，避免引发误会。

实战案例：服务过程中可能出现特殊情况
——运用"关键提醒"，通过设定客户预期，让客户知道我们在做什么

1. 案件背景描述

肖女士家中突然停电，于是打电话报修。供电所接到抢修任务之后，立刻决定由宋光明前去抢修。

出发前，宋光明简单了解了一下案件的情况，然后使用手机中的导航软件测算了一下，刚好可以在45分钟到达客户现场。但是宋光明也突然意识到，马上就要到下班高峰期了，而且路上肯定会经过一条非常拥堵的路段。于是想联系一下肖女士并提前解释一下。

2. 案件沟通过程描述与技巧解析

案例过程	技巧解析
【运用关键提醒策略，设定到达时间与特殊情况预期，以免客户误会】 "你好！"一位女士的声音接通电话。 宋光明确认道："您好！我是供电公司的工作人员宋光明。请问是肖女士吗？"虽然是一样的开场白，但是很明显语速比平时快了一些。 "嗯，我是！你好，你好！你是供电所过来维修的师傅吧？"肖女士有些着急地说，"你赶紧过来吧，我这儿着急等着用电呢！" "好的，肖女士！我现在就出发去您所在的XXXX小区，请您耐心等待一下。"宋光明边说边赶紧上车。 肖女士："你尽快过来吧，我这边正在等着用电！" 宋光明用带有着急的语气说道："好的，肖女士，我马上出发！另外，肖女士，我刚才看了一下导航，因为马上到了下班高峰的时间，去您家路上有两个很容易堵车的路口，我目前预计到您家可能需要50到60分钟。也请您理解一下！"	[适当加快语速]通过适当加快语速，在抢修场景中做到与客户情绪相匹配。 [主动安抚]展现同理心并主动安抚客户着急的情绪。 [关键提醒]设定时间预期，简单说明原因，让客户知道之后的大概时间。

案例过程	技巧解析
"行，行，行！你赶紧过来吧！"肖女士说道。 "好的，谢谢肖女士理解！"宋光明用诚恳的语气说道。 **【发生特殊情况及时与客户沟通，寻求客户理解】** 　　果然不出宋光明所料，在路上真的遇到了大堵车。在经过了拥堵路口后，宋光明也意识到马上就到50分钟了，又拨通了肖女士的电话。 　　在电话接通之后，宋光明此时抢先说："肖女士，您好！" 　　"你好！"肖女士回复。 　　"肖女士，感谢您的耐心等待和理解！我刚刚通过了拥堵的路段，接下来预计会在10分钟之内到达您那边。到了之后我再电话联系您，请您保持一下手机的畅通。"宋光明言语中让肖女士体会到了被重视。 　　"没问题！你到了给我打电话！"肖女士说。 　　"好的！那我先挂断电话了，尽快到您那边！谢谢肖女士！"等待到肖女士"OK！"的确认后，说了一句"一会儿见，肖女士！"等了两秒钟之后，便挂断电话继续赶往现场。 　　几分钟之后，宋光明就很快到了现场，联系上肖女士并进行抢修……	**[确认预期]** 通过感谢客户的理解，让客户快速接受我们之前的预期解释。 **[进一步设定预期]** 在自己承诺的时间与客户进行联系，并再一次设定客户的心理预期。 **[注意事项]** 当我们需要挂断电话时，在客户确认同意后，仍然需要等待2~3秒钟时间，确认客户那边没有其他的问题

3. 案例小结

关键词：提前联系、关键提醒、主动设定预期、遵守承诺。

（1）在赶赴客户现场进行电力抢修时，如果遇到特殊情况，需要主动告知客户原因，并寻求客户的理解。同时，需要告诉客户接下来可能会遇到的问题，提前设定客户心理预期。

（2）在抢修工作的沟通中，应适当加快语速，让客户体会到工作人员同样为客户的用电而着急，通过语言的匹配来设定客户对工作人员的形象预期。

（3）当时间超出承诺约定时，应当及时联系客户并寻求客户理解，此时不建议解释太多原因，并设定较为符合实际的时间预期。

（4）及时且主动地告知客户接下来可能会发生的事情及简要原因，例如：因为开车而无法接听客户的电话。向客户承诺在条件允许的时候会第一时间联系客户，并履行承诺。

4.2.3.2　质疑抢修处理需第二梯队

在抢修工作中，当抢修人员到达现场排查故障原因，发现不属于可直接处置情况时，常常会先离开现场，同时派遣第二梯队工作人员完成相关设备的修复工作。第二梯队完成后，抢修人员再电话确认客户用电是否恢复正常，如果仍未恢复正常用电，抢修人员会返回到客户用电现场再进行问题查询处理。

对此操作流程，部分客户表示不理解为什么要这样做。

冲突点①：客户不理解还没有来电，为什么抢修人员就走了。

客户声音：希望告知抢修情况和抢修人员离开的原因。

我们希望：尽量快速完成抢修工作完成复电，赶往下一个任务现场。

冲突点②：客户质疑为什么还需要等其他人员来进行抢修？抢修人员告知客户需要"第二梯队"，客户不理解为什么第一梯队的人不能修，要等第二梯队的人员来。

客户声音：第一梯队的人都来了为什么不能修，还要等第二梯队的人来，认为抢修人员无故拖延。

我们希望：完成故障排查后可能需要第二梯队来继续完成抢修工作，第一梯队人员尽快赶往下一工作地点。

应用策略：里应外合，详见3.1.3相关内容；寻求理解，详见3.2.1相关内容。

沟通要点：

（1）明确告知客户当前故障排查情况、下一步工作内容、大概时间以及与客户的联系方式。

（2）不需要主动向客户解释需要等第二梯队来进行下一阶段工作，因为我们与第二梯队之间的配合属于内部流程。

建议话术："×先生/女士，经过检测，现在的表箱设备（电表）没有出现异常情况，接下来我们会前往上一级设备进行检查，大概需要1~2小时，请您耐心等待！同时我们也会通过电话与您保持联系，随时向您汇报进度情况，请您保持电话畅通！"

实战案例——抢修现场需要第二梯队人员
"里应外合"积极应对，解决客户燃眉之急

1. 案件背景描述

邹女士正在操持家中老人今晚的寿宴，家里突然停电了。于是便拨打了供电所的电话进行报修。

宋光明接到报修单后，到达现场后判断需要由第二梯队工作人员到现场配合更换开关。

宋光明连忙拨通了第二梯队负责人的联系电话，在描述完现场需要进行抢修的设备及故障位置后，根据预判的工作量情况，得知故障修复可能要2~3小时才能恢复供电。宋光明有些发愁，因为复电时间可能会过长，如何向邹女士进行解释呢？

2. 案件沟通过程描述与技巧解析

案例过程	技巧解析
【主动告知预计抢修进度，设定时间预期安抚客户情绪】 宋光明走到邹女士面前，用带有歉意的语气说："邹女士，很抱歉耽误您用电了！现场因为高压设备问题导致停电，且该设备抢修起来较为复杂，还需要其他技术人员前来一起配合才可以完成，大概需要2~3个小时，请您耐心等待！"	[主动致歉]使用歉意的语气向客户表达客户可能不愿意听到的信息。 [主动告知抢修进度]明确告知客户当前故障排查情况、下一步工作内容、大概时间以及与客户的联系方式。如遇大面积停电等特殊情况也应主动告知客户需先行离开并取得客户理解。

续表

案例过程	技巧解析
邹女士听后表示："为什么这么久，难道你不能直接处理故障么？非要等到其他人员一起来才能够完成，今晚家里请客，非常急需要用电，停那么久我接受不了！" 　　宋光明心平气和地对邹女士说："因为该设备抢修起来流程较为复杂，存在一定的安全隐患，且该型号开关要临时调配，所以还需要一定的时间，但是您放心，在条件允许的情况下我们会加快抢修进度……" 　　但邹女士还是非常激动地表示："今晚的饭菜怎么处置，家人也都陆续地来了呀！"	[安抚情绪]及时安抚客户情绪，并耐心向客户解释原因。 [寻求理解]在客户情绪激动提出异议时，耐心地向客户解释原因，并寻求客户理解，并给出客户积极尽力的承诺。
【里应外合，调动更多内部资源解决客户急迫需求，避免投诉升级】 　　这时宋光明考虑到该片区近两个月内发生过停电事件，为避免可能产生的投诉升级，忙说道："邹女士，我非常理解您的心情！我们先回所里借一台发电机来，先解决你的燃眉之急。您看这样可以吗？" 　　邹女士说："只要你先解决我煮饭及用餐问题，你们就修理你们的设备，多久我个人都没意见！" 　　宋光明说："谢谢邹女士理解！我现在马上联系安排发电机，先让您家临时用上电，请您稍等一下！" 　　"行，那你抓紧时间吧！"邹女士听后回复道。 　　"好的，好的！我这就安排！"宋光明听后微笑着加快了语速回应着邹女士。随后立刻给所里拨打了电话，安排人员申请领用发电机，自己留在故障现场，防止其他客户有问题咨询找不到人。 　　没过多久，发电机顺利接入邹女士家中，解决了邹女士的燃眉之急，现场的故障抢修也如期顺利进行，且提前恢复送电	[安抚并提供方案]继续安抚客户的情绪。 [里应外合]如果在多次解释下客户情绪仍然激动，为避免投诉升级，可以调动内部资源，酌情提出直接帮助客户的备用解决方案。 [回应客户理解]感谢客户的理解，并告诉客户将立即采取行动。 [情感匹配]加快语速让客户理解我们在努力为了解决问题而争取时间

3. 案例小结

关键词：寻求理解、里应外合、换位思考问题、不主动做不必要的解释。

　　（1）当客户着急自己的需求无法立刻解决时，工作人员要耐心地解释当下的情况，寻求客户理解，并积极提出合适的解决方案和建议。

（2）在与客户沟通过程中，需要站在客户的角度理解客户当时所需要的信息。如果给到客户的信息不充足，会导致客户产生疑惑；同时，如果给到客户无用或对问题解决无意义的信息，也会让客户产生不必要的疑惑。

（3）上述案例中，客户可能会在抢修人员第一次解释后就接受，也可能因为当前用电需求的紧急程度不同，始终无法接受无法及时复电的事实。在实际处理中，要根据实际情况判断可能产生的频繁停电等投诉风险，及时寻求更多内部资源的配合帮助，妥善选择发电车等备用方案，降低服务风险，提升客户体验。

4.2.4 电网建设

在供电过程中，有一些客户针对供电公司产权的电杆、变压器等设备安装的位置属于自己产权，或因自身房子翻建等原因要求供电公司移除已经安装的电力设备。在移除过程中，需要重新规划新的线路走廊，其中会涉及多方协调问题且无法估计确切的所需时间，客户对此无法接受。

冲突点①： 相关方不同意安装电杆等电力设备在自家产权范围内。

客户声音：由于一些个人原因不想让邻居用的电杆安装在自家楼房边上，更不知道有没有赔偿。

我们希望：客户可以理解和配合我们的工作，协助供电公司与相关方协调沟通，让相关方接受在自家产权范围内安装电力设备。

冲突点②： 对线路（或电杆）距离这么近为什么说符合标准不清楚。

客户声音：电线杆怎么可以离我家的窗户这么近？这不符合规定。

我们希望：客户可以信任供电公司定会遵守相关标准安装供电设备，不会威胁到客户的生命财产安全。

冲突点③： 移动电杆及相关电力设备需要自行申请并出资，对于该规定不理解。

客户声音：不需要提供证明材料，供电企业也应该满足移动电杆及相关电力设备的需求，工作人员要求提供资料是一种为难。

我们希望：客户能按要求提供相关资料，并了解相关政策设置的意义。

冲突点④： 客户认为路径受阻协调应该是供电公司的事情。

客户声音： 协调受阻路径是供电公司的职责所在，要求客户参与协调是工作人员专业能力不足的体现。

运用策略： 主动出击，详见3.3.2相关内容；抽薪止沸，详见3.2.2相关内容。

沟通要点：

（1）在客户认为自己会受到损失，或者不知道可以获得赔偿的情况下，主动向客户提供电网建设相关赔偿政策及标准内容。

（2）当邻里拒绝安装电力设备在自家产权范围内的情况时，让客户参与到协调沟通中，尽可能让相关方接受在自家产权范围内安装电力设备。

（3）当客户质疑线路和电力设备的距离标准时，在友好沟通的前提下，通过向客户展示相关标准，从而向客户进行解释。

（4）当客户对相关政策的意义和其他隐性原因不了解引发异议时，耐心向客户解释政策内容，或者了解客户需求的根本原因，寻找是否有其他替代方案。

（5）遇到客户不愿意为移除线路提供协调帮助的情况时，通过礼貌而友好的沟通，寻求当前客户的理解并帮助进行线路协调。

实战案例：客户因个人原因提出移杆需求
——运用"主动出击"策略让客户取消移除申请

1. 案件背景描述

客户马先生这一天回家的时候无意间看到离自己家不远的公共用地上附近多了一根装有变压器的电杆，感觉非常地不满，感觉这根电杆会对自己的家人产生影响，于是打电话反馈给供电所，要求把这根电杆移走。

宋光明接到客户的诉求之后，立刻联系了马先生，约定到现场进行勘查确认并当面沟通。

很快，宋光明便到了变压器电杆位置，并与马先生见了面。

2. 案件沟通过程描述与技巧解析

案例过程	技巧解析
【避免立即"拒绝"客户需求，礼貌探寻提问客户顾虑缘由】 　　宋光明介绍自己后，指了一下旁边的电杆，非常礼貌地询问到："马先生，您反馈要移除的就是这根电杆是吧？" 　　马先生说："对，就是这根电杆！离我家太近了，你们赶紧给挪走！" 　　宋光明微笑着点了点头，回复道："嗯，马先生！我明白您的意思，我先测量一下，请您稍等！" 　　马先生"嗯"了一声。"好的，谢谢马先生！"宋光明边回复边开始使用携带的工具测量距离，查看了变压器的电路并记录了下来，然后走到马先生的面前，说："马先生，您好！我刚才测量了一下电杆的距离。我想了解一下，您要求移除这根电杆，主要的顾虑是什么呢？" 　　马先生眉头稍微一紧，回复说："我是听说供电的变压器有辐射，对人身体不好！那天也刚好看到这个电杆上的变压器，就想着让你们挪走！" **【探寻客户顾虑后主动试探性解释，解除客户顾虑】** 　　宋光明边点头边说道："我非常能理解！您也是为了家人的健康所以才有这样的顾虑。我刚才通过测量，目前这根电杆符合国家《电力设施保护条例》设定的要求。如果您有时间，我可以跟您解释一下关于您刚才所说的辐射问题！"然后宋光明就等待着马先生的反馈。 　　"嗯，你说吧！"马先生说道。 　　"嗯！咱们供电所在进行电网建设的时候，对于电线、变压器等设备的安全距离都有非常严格的规定，这些距离的规定除了考虑到电力安全外，也考虑到了大家所顾虑的健康问题。通过科学论证，变压器所产生的辐射或者电磁波不会对人体造成任何伤害，这点请您放心！"宋光明说道。 　　马先生听后紧皱着眉头没有说话。 **【主动出击，试探客户并暗示移除电杆可能会导致的问题】** 　　宋光明见状，拿出笔在一张空白的纸上简单勾勒出一个线路，说道："包括您家在内，现在的这根电杆上面	[**肢体语言暗示**]微笑点头是拉进与客户之间关系的有效方法。 [**细节展现**]通过细致的测量以及数据记录向客户展示对工作细节的关注。 [**寻找原因**]并未在测量数据后立即"拒绝"客户移除电杆的请求，避免让客户产生沟通的心理防御。 [**认可客户顾虑**]先肯定客户的顾虑，进一步避免客户的心理防御。 [**试探性解释**]主动尝试解决客户的顾虑，试探客户是否真的是由于"辐射问题"而申请移除电杆。 [**语气把握**]在向客户介绍技术性问题时，尽量使用聊天的语气，并避免使用过多的专业用语。 [**客户分析**]此时客户心里并不愿意接受我们的解释。

案例过程	技巧解析
的变压器一共在给8家供电。当时安装的时候为了最方便您和邻居家用电，所以选择了这里。接下来要把这根电杆移走，咱们需要做三件重要的事情。第一件事情，咱们供电所需要先和村委会协商，需要重新协调新的线路走廊，也就是新的电力线路路径。在规划的时候也要看村委会能够给出什么样的资源来安装变压器，以保证您家的正常用电。" 宋光明稍作停顿，确认马先生正在认真地听，继续说道："第二件事，在新的位置确认之后，因为在换变压器的时候可能会有短暂的停电，我们还需要在迁移变压器的时候提前通知到现在这台变压器服务的所有您的邻居家提前做好一些准备。第三件事，因为当前电杆架设的距离符合电力安全规范要求，所以移杆产生的费用需要您来承担。"宋光明并没有继续说或者再追问什么，而是给马先生一些时间思考。 见马先生此时已经有些犹豫不决，宋光明便又主动给了马先生一个带有一点压力的选择："马先生，您看！由于现在的变压器连接着好几家邻居，要不我们现在先到邻居那边沟通说一下？" 马先生听后还是没有说话，脸上的表情显得很为难。于是，宋光明马上找了一个台阶："要不这样，马先生！我看这件事情也不是那么紧急，要不您再考虑一下，如果最后还是决定把这根电杆移走的话，您再和我们联系！" **【假设客户接受建议，并提供承诺打消客户顾虑】** 此刻宋光明又主动递过来一张名片，说道："马先生，请您收下这张名片！我现在把刚才的数据给您留下来，您也可以确认一下距离，如果有任何问题您可以拨打名片上的电话与我们取得联系。"说完，宋光明把刚才测量的数据信息在另外一张纸上写好后又递给了马先生。 马先生"嗯"了一声，然后接过了纸条。 最后，宋光明还不忘再一次打消马先生的顾虑，带有一些安抚地说道："没关系的，马先生！之后您遇到任何电力设备影响您和您家人健康的疑虑时，我们都会第一时间过来从技术的角度帮您进行确认，一旦发现存在	[站在同一侧]在向客户展示信息时，尽量与客户站在同一侧，以减少客户心中的对立感。 [主动出击]主动通过语言向客户表达我们会尽可能帮助客户移除电杆，同时也通过后续工作中可能会遇到的问题向客户暗示后期对客户的影响。 [注意]在向客户提供较多的内容时，需确认客户是否真的在听我们所讲的内容。 [暗示影响]主动暗示客户移除电杆可能会间接影响客户的邻里关系。 [主动出击]当客户仍然犹豫不决时，可以通过实际行动让客户感觉到移除电杆可能会影响邻里关系。 [主动出击]当客户面对问题有些为难时，主动提出一个时间上可以缓和的提议，以便让客户能够有一定的时间进行思考。 [假设客户同意]假设客户同意我们的提议，并通过实际行动避免客户拒绝。 [打消顾虑]通过主动向客户提供承诺来进一步打消客户的顾虑。

案例过程	技巧解析
隐患，我们也都会及时帮助您处理！"说完还不忘点了一下头，表示对自己所承诺内容的信心。 "嗯……那行吧，这根电杆你既然都这么专业地说了，而且好像挪起来也有些麻烦。那……那就先不挪了吧！等回头有问题的时候我再找你们。"马先生说道。 【适时提出取消申请建议并避免客户拒绝】 宋光明也礼貌地说道，"马先生，这次您申请移除电杆的申请，我要不先帮您取消掉？之后您有问题也可以随时找我们！" "行，取消了吧！谢谢你哈！"此时也看到了马先生脸上的笑容。 "好的，马先生！如果没有其他的事情，我就先告辞，也希望您一切顺利！"宋光明说道。 "好，那就这样！再见！"马先生此时挥手表示道别。 宋光明也挥了挥手，说道："马先生，再见！"说完，便转身离开了现场	[注意]当客户已经接受我们的提议后，不要再向客户解释任何技术问题。 [避免拒绝]当向提出取消申请的建议时，应当同时向客户提供服务承诺，降低客户拒绝的概率

3. 案件小结

关键词：当面沟通、主动出击、打消顾虑、适时承诺。

（1）当客户提出的要求不符合我们的服务规定时，不应当立刻拒绝客户，而是要先尽可能地掌握相关的技术数据以及客户需求背后的真正原因。

（2）在确认案件涉及的技术数据合规后，先尝试向客户进行技术解释和承诺来打消客户的顾虑。如果客户不接受，则需要主动帮助客户进行后续的工作规划，并在规划中提出可能会存在的障碍或者风险。与此同时，主动让客户尽可能地与我们一起来解决后续问题，并暗示客户可能会给其带来的麻烦，以便让客户"知难而退"。

（3）在面对未来的"麻烦"时，通过给出进一步的建议和承诺，引导客户放弃最初的要求。

（4）在涉及有可能让客户出资的案件时，即便客户不愿意或者不方便也最好选择与客户面对面沟通。因为面对面沟通可以及时获取更多客户的心理反馈。

供电服务沟通
16式一

第三篇
实用工具篇

- 第 5 章　沟通测评表

第 5 章

" 沟通测评表 "

本章节将结合电网企业的实际服务情况，为工作人员提供一套服务沟通自我评测表，以帮助工作人员提升服务沟通能力。本章主要涵盖以下几个层面的内容：

（1）沟通中的声音质量。用于评测我们在服务沟通中是否已经打下良好的声音基础。

（2）善于倾听的专业表现。用于评测我们在服务沟通中是否通过可以熟练运用沟通技巧，帮助整个服务沟通顺利完成。

（3）专业的语言表达方式。用于评测我们在向客户表达观点、建议以及解决方案时，是否可以通过专业的表达方式让客户更满意。

（4）展现专业服务意识。用于评测我们是否能够从自身出发，让客户体会到我们的主动服务意识。

（5）表现出积极服务态度。用于评测在服务沟通中与服务态度相关的沟通细节。

5.1 沟通中的声音质量

请通过下面的表格评价自己在服务沟通过程中的声音质量，如果可以做到，请打"√"；如果做不到，请打"×"；如果不清楚，请打"？"。

评价项目	自评
我会使用有力的嗓音，使对方容易听到	
我说话时，语调平稳（并非语调平淡）并显出自信	
在任何时候，我都会使对方听起来感觉很舒适的嗓声	
一般服务沟通中，我会使用自然、放松而响亮的嗓声	
处理客户问题时，我会使用乐观而充满热情的嗓声	
客户遇到麻烦时，我会使用表现出温暖而亲切的嗓声	
处理客户异议时，我会使用表现出富有耐心的嗓声	
推荐新的服务时，我会使用精力充沛且态度积极的嗓声，代表我对所推荐的服务很有信心	
我说话的语调可以表现出对客户的关心和关注	
我说话的声音可以使谈话听起来友好而随和，而不是过于正式或呆板	
当遇到比较棘手的问题时，我所使用的语调能够表现出经验丰富而且善解人意	
即便是通过电话，客户也可以从我的声音中体会到我的真诚微笑	
我讲话的声音会抑扬顿挫，不会让客户感到单调和沉闷	
我在说话中适时地使用停顿，使表达的内容更有力量	
我调整了自己说话声音的大小，使对方听起来既不过大，也不太小	
在结束某句话时，多数情况下我会使用降调，表现出对自己的交流能力充满信心	

5.2　善于倾听的专业表现

请通过下面的表格评价自己在服务沟通过程中善于倾听的能力，如果可以做到，请打"√"；如果做不到，请打"×"；如果不清楚，请打"？"。

评价项目	自评
我会让客户感觉我很善于接受客户说的话	
我始终表现得很有礼貌，能够让客户在一种被尊重、被重视且有安全感的气氛中与我沟通	
对于正在讨论的主题事宜，我表现得很开明	
我始终都会让客户把话说完，从不中途打断客户的话	
即使我不能完全同意客户所说的话，我也不会直接对客户说"你错了！"	
我会鼓励客户提问题，让客户体会到我对自己业务处理的自信，从而获得客户足够的信任	
在客户讲话的时候，我有时会表达一些有兴趣的意见，表现出我对客户说的话感兴趣，因为这样可以让客户更清楚地知道我在认真地倾听以及思考	
我会让客户感觉到我非常喜欢听客户说话	
我不会替客户把话说完，也就是不会无礼地接话	
无论客户选择什么样的表达方式或者措辞，我都会让客户体会到我在认真地听	
如果我不理解某个词，我会主动询问客户这个词的意思是什么，不会假装自己听明白了	
如果没有听清楚客户讲的话，我会主动询问	
我会通过一些肢体语言，如点头、用笔作记录等，让客户体会到我在全神贯注地听客户说话	
即便客户重复某些已经说过的内容，我也不会表达出这些内容我已经听过了	
我会认真地听客户说话，不管客户的说话方式如何，如轻蔑地嘲笑、无礼的挖苦，甚至是愤怒的咆哮	
在电话沟通中，如果没有听清客户的讲话内容，我会把问题归咎在电话线路不好上，而不会用任何批评的言语，要求客户说话更清楚些	

5.3　专业的语言表达方式

请通过下面的表格评价自己在服务沟通过程中的语言表达方式，如果可以做到，请打"√"；如果做不到，请打"×"；如果不清楚，请打"?"。

评价项目	自评
我的语言表达非常流畅，且思路非常清晰	
即便有时我的一些发音并不完全清晰，但也完全能够让客户理解我要表达的意思	
在需要的时候我会使用停顿，使有些句子或者词语不至于生硬地连在一起	
我会巧妙地使用"重音"来突出我要表达的真正含义	
我会注意自己是否有发音不标准的情况，如平舌音与翘舌音的区别	
我在沟通时会优先使用普通话，当客户有要求的时候我也会尽可能使用客户更习惯的语言，如闽南语	
我在服务沟通中会使用友好、礼貌的词汇或表达方式	
我会使用让客户比较容易理解的说法，而不完全使用正式的说法	
我会尽量使用肯定的说法，且避免使用否定的说法	
我说出来的话不带有任何强制性，如祈使句	
在向客户进行解释时，我会选择使用容易理解的词语，避免使用纯粹的技术性术语	
讲话中，我表达出来句子的长度做到长、短相结合	
在说明主题事宜时，我会选择积极的措辞	
我不会单调地重复说出任何被看作是口头语的词语。例如：嗯…、这个…、呃…等	
我总能够及时、礼貌而且清晰地说明自己的身份以及单位名称	
在整个谈话过程中，我会不时地使用客户的尊称	
我会使用肯定的说法，避免使用否定的说法	

评价项目	自评
无论客户的情绪如何，我都不会使用反问句	
我会使用描述性说法，帮助客户准确理解我的意思	
我能够有礼貌地询问客户的姓名，并记录下来	
我所使用的词语、短语或句子友好而随和，不花哨或富有进攻性	
在多数情况下，我连续说3~5句话之后，会通过停顿或提问鼓励对方说话，让客户感觉我很善于沟通	
我在解决客户异议或投诉时，会表现出足够的耐心，使用让客户感觉到体贴的表达	

5.4 展现专业的服务意识

请通过下面的表格评价自己在服务沟通过程中表现积极服务意识的能力，如果可以做到，请打"√"；如果做不到，请打"×"；如果不清楚，请打"？"。

评价项目	自评
我会努力让自己精神饱满地服务每一位客户	
我可以控制好自己，确保自己始终在客户面前显得愿意为其提供服务	
我熟悉自己业务范围内的每一个细节，并且可以帮助到客户	
在服务过程中，我能够完美地向客户展示供电公司的服务形象，因为我的任何行为都代表着供电公司	
虽然我不能解决客户所有的问题，但是我也愿意尽自己最大能力帮助客户	
我不会拒绝客户的任何询问，如果无法帮到客户，我会耐心且友好地向客户进行解释	
我会开心地接受客户的表扬，并感谢客户的认可	

续表

评价项目	自评
我会虚心地听取客户的批评，并感谢客户的反馈及建议	
我会耐心地倾听客户的抱怨，安抚并提出解决方案	
当遇到态度不好的客户时，我明白客户的问题不是为了刁难我们，而只是没有达到自己的某种需求	
只要面对客户，我可以立刻将自己调整到服务状态，因为我的身份是为客户提供服务	
我会为客户着想，主动告诉客户一些用电技巧以及注意事项，提前帮助客户避免一些风险或者误会	
当有一些适合客户的优惠活动时，我会主动地告诉客户	
我会信守承诺，积极帮助客户完成后续的工作；如果由于特殊情况无法完成，我会主动联系客户进行道歉，并提出新的解决方案	

5.5　表现出积极的服务态度

请通过下面的表格评价自己在服务沟通过程中表现出积极服务态度的能力，如果可以做到，请打"√"；如果做不到，请打"×"；如果不清楚，请打"？"。

评价项目	自评
我的话听起来好像我很喜欢这份工作	
我说话时一般不使用担忧的语调，从而表现出我的自信	
通过我说话的语调，表现出我是一名成功的工作人员	
我可以通过礼貌、耐心和其他专业化素质，让客户感觉到我认为自己是一名专业的工作人员	
我的措辞和表达，表现出我积极而乐观的态度	

续表

评价项目	自评
我的声音听起来客户感觉到位，我希望客户也是一个热情而友好的人	
我能够通过友好的方式表现出自己待人诚恳的态度	
我非常乐意向客户提供更多有利于客户更好用电的有价值信息，表现出我面向服务的态度	
我的声音以及肢体语言可以表现出我乐观向上的态度	
我的表现能够表达出我对自己职责范围内的业务规范、流程和服务非常熟悉	
我勇于承认在服务中出现的失误或者纰漏，让客户感觉我是一个负责任的人	
我对于后续的工作信守承诺，表现出我对待工作认真负责的态度	
我的语言以及行为，表现出我待人诚恳并乐于帮助客户	